KB178685

사람이 살아가는
인생의 지혜

앙드레 모로아 지음 / 이목정 옮김

지성문화사

차   례

1
인생을 위한 지혜

필요하지 않은 것들
가장 작은 일부터
돈에 대하여
여가를 유용하게
권하고 싶은 양서
인생의 참모습

　세상에 만연된 부조리때문에 염세주의적 세계관을 가지는 사람들이 날로 늘고 있어서 또다른 사회문제로 비화되고 있다.

　그렇다면 부조리란 대체 무엇을 말하는 것일까.

　그에 대한 대답이 간단치는 않지만 대체로, 이치에 맞지 않는 주장은 부조리하며 상식에서 벗어난 법칙도 부조리한 것이며 모든 것이 부조리하다는 말 자체도 부조리하다 할 수 있다.

　우리가 사는 세상은 이성이나 식견을 갖지 않은, 있는 그대로의 세계이다. 또한 출발의 기초, 즉 있는 그대로를 늘 유지하고 있는 것이다.

　그렇다면 많은 사람들이 생각하는 세상은 무엇인가? 인간을 만족시키기 위해 구성되었다는 정도로 생각하는 것은 아닌가?

　천만의 말씀이다. 세상은 아무것도 원치 않을 뿐만 아니라 호의적이거나 적의를 품고 있지도 않다.

　몽테를랑은 "사람은 죽음을 위해 태어난 존재이며, 그일로 인한 번뇌와 고통으로 평생을 살아야 한다고 들었을 것이다. 그러나 죽음이 사고일 수는 없다. 죽음에 관한 사고는 그 자체가 사고를 포함하고 있지 않다는 것이다” 라고 말했다.

자기가 사랑하는 이의 죽음은 사람들의 마음을 흔들리게 한다. 인간이 죽음을 두려워하는 것은 자기가 존재하는 세계와 존재하지 않는 세계를 동시에 인식하고 있기 때문이다.

그러나 이 두 개의 개념은 공존할 수 없다. 인간은 깊은 내면 세계를 인식하고 있고, 위험을 의식했을 때는 이미 혼란된 상태에서 벗어날 길이 없다고 생각하기 쉽다. 하지만 인간은 항상 그대로 심연에 살고 있고, 사랑하며 일하고 창조해 왔다.

그러므로 이러한 삶을 계속하는 것은 당연하고 어느 누구도 막을 이유가 없다.

기성세대들은 “모든 것이 달라졌다. 옛날에는 신앙이라는 커다란 의지의 대상이 있었고 지금처럼 혹성 전멸의 위협도 받지 않았다” 라고 말한다.

우리는 자기 안에 자신보다 더 위대한 무엇인가가 있다는 것을 알고 있다. 그것은 어느 누구나 존재하기 때문에 아무리 겁장이라도 스스로 판단할 수 있다.

그리고 인류를 위협하는 큰 재난은 인간 스스로가 만든 것이며 이러한 종말도 역시 막을 수 있다는 것을 안다.

우리가 심연을 따라 걷는다 하더라도 우리를 나락 속에 빠지게 할 것은 아무것도 없다.

낡은 도덕 관념은 이미 우리의 의식에서 사라진 먼 옛날의 가교라는 생각은 잘못이다.

이러한 생각을 버려야 영원한 인간상을 재발견 할 수

있을 것이다. 분명한 사실에는 굴복하는 것이 당연하다고 하면서 고전 문명의 종말을 알려주는 작가도 있다.

"20세기는 인류의 마지막 종착역이다. 위대한 고전 문명의 시대를 지나 다른 시대에 접어들고 있는 것이다. 미래에는 과거 집단과는 아무런 유사점도 발견할 수 없을 것이다.

육체의 실현도 영혼에 대한 새삼스런 상위가 아니고, 단지 새로운 육체에 새로운 영혼이다" 라고 말하기도 하는데, 도저히 이해되지 않는다.

육체가 새로워진다는 것은 터무니없는 말이다. 지금의 인간도 크로마뇽인과 똑같은 심장·간장·동맥·신경을 가지고 있는 것이다.

원로 도덕가들이 영혼의 윤리적 가치를 무모하게 고안한 것은 아니었다. 윤리적 가치 없이는 사회도 행복도 지속되지 않기 때문에 그 가치가 생긴 것이다.

그러면 도덕적 생활을 위한 몇 개의 규칙을 다음과 같이 열거해 보겠다.

첫째는 자기 자신보다 다른 사람을 위하여 살아가라는 것이다.

자신만의 이익을 찾는 사람은 결국 불행하게 되고 만다. 그런 사람들은 자기가 하고 싶었던 것, 꼭 해야만 하는 일을 전혀 못하게 된다. 또한 갖고 싶다고 생각한 것을 한번도 수중에 두지 못한다. 꿈 속에서조차 남의 사랑을 받는 일은 생각할 수도 없다.

만일 그들이 자신의 과거를 곰곰히 생각해 본다면 지금

에 와서는 아무 소용도 없는 후회와 양심의 가책만을 느끼게 될 것이다.

그 과오는 잊어버리는 것이 과오의 가치 전부이다. 잊어버릴 과거는 빨리 지워 버리고 자신있는 현재의 건설에 집중해야 한다.

자기 자신과의 모순은 모든 악의 근원이 된다. 조국과 연인과 일과 가난하고 박해받는 사람들을 위한 삶은 고뇌나 잡다한 걱정을 잊게한다. 즉 참된 외계야말로 참된 내계인 것이다.

둘째는 행동하지 않으면 안 된다는 것이다.

우리는 세상의 모든 것을 변화시킬 수도 없고 그렇다고 누군가가 변화시켜 주기를 바랄 수도 없다.

그러므로 세상의 부조리에 대해 탄식만 할 것이 아니라 자기가 행동하는 한 부분만이라도 점차 개선해 나가야 할 것이다.

우리의 목표는 매우 현실적이고 간단해야 한다. 직업을 선택하는 데 있어서도 그것을 충분히 이해하고 익혀서 통달하려는 자세가 필요하다.

누구든지 자신의 행동 범위가 있는 것이다. 작가는 책을 쓰고, 목수는 목공품을 만들고, 경찰은 질서를 유지하며, 건축 기사는 설계 도면을 그리고, 시장·군수·면장은 자기 구역의 관리를 담당한다.

지나치게 과로하지 않는 범위 내에서 신체를 움직여 손수 일하는 것이 가장 행복하다.

그것은 스포츠 경기처럼 얼핏 보기에는 쓸데없는 동작을 하여 무료를 달래는 것으로 생각하기도 한다. 흙투성이 속에서 태클하는 럭비도 즐거운 일이다.

활동적인 시장들은 깨끗한 도시를 만들고 의욕적인 신부들은 활기찬 성당을 만들어 그 성과를 보고 만족스러워한다.

이와 같이 유용한 행동을 통해 나타나는 효과는 우리를 즐겁게 한다.

셋째는 의지력을 믿지 않으면 안 된다는 것이다.

미래는 완전히 결정된 것이 아니다. 용기 있는 사람은 자기의 미래를 바꿀 수 있으며, 위대한 인물은 역사의 흐름을 바꿀 수 있다. 물론 누구든지 가능하다는 것은 아니다.

자유는 가능성과 의지의 경계에 있고, 개인의 자유에도 한계가 있다. 전쟁을 막으려 해도 혼자의 힘만으로는 도저히 불가능한 것이다. 그러나 어떠한 행동을 말이나 글로 하는 것은 누구나 가능하다.

나의 동포를 향하여 '여러분은 모욕을 당하고 있다'라든지 '여러분은 조국을 위하여 죽는 것을 명예롭게 생각하라'는 등의 말을 할 수 없다.

싸움에 이기는 것이 개인 각자에 달려 있다고는 할 수 없지만, 전쟁의 상황에 따라 용감한 병사가 되고 안 되고 하는 것은 개인의 행동에 달려 있다.

'의지의 한계는 어느 만큼까지 해낼 수 있는가에 달려있다'는 말처럼 한계 같은 것에 구애받지 말고, 최선을 다해 자기 자신을 통제해야 한다.

게으름과 비열함은 가장 먼저 버려야 할 금기 사항이다. 의지는 가장 큰 미덕이라고 할 수 있다.

넷째는 의지와 견줄 만한 귀중한 것으로 성실해야 한다는 것이다.

자기가 한 약속이나 계약에 대해 속이지 말고 성실하게 수행해야 한다. 그러나 성실하다는 것이 쉬운 일은 아니다. 무수한 유혹으로부터 시달리다 보면 약속을 지키는 것이 쉬운게 아니다.

이 말에 대하여 어떤 사람들은 이렇게 말할 수도 있을 것이다.

"만일 성실하지 않으며 어리석은 여성과 결혼했더라도 그녀에게 성실해야 합니까. 또 어떤 직업을 선택했는데 그 직업이 내 적성에 맞지 않는다해도 다시 새로운 일을 찾아서는 안 됩니까. 그리고 어쩌다 부패한 단체에 가입하게 되었을 경우에도 그 단체를 탈퇴하면 안 된다는 말입니까."

물론 그런 뜻으로 한 말은 아니다. 성실은 맹목적인 것이 아니다. 우리는 스스로 성실을 다 할 수 있는 일을 선택해야 한다.

알랭은 "모든 선택에 있어 자기 마음대로 하는 것은 부당하지만 선의가 작용하면 정당한 것이 된다. 이렇게 생각해 보자. 어떤 직업을 알아보기 위하여 그 일을 선택하는 사람은 아무도 없을 것이며 자기의 사랑을 선택하는 것도 혼자서는 하지 못한다." 라고 말했다.

그러나 한 여성을 모범적인 여성으로 변화시킨다든지, 선택한 직업을 훌륭히 수행해 나간다든지, 단체의 체질 개선을 한다는 등의 일은 가능하다. 성실은 성실을 정당화시키기 때문이다.

지금까지 언급한 인생에서 지켜야 할 규칙들을 보면 너무도 엄격한데 반해 즐거운 일이 아니라는 것은 나도 알고 있다.

나는 모든 사람들에게 철저한 금욕주의자가 되라고 하지 않는다.

유머 감각을 가지고 자기의 약점을 극복할 수 없다면 그 약점을 그대로 인정하는 것이 좋다. 그러면서도 그 약점을 고치겠다는 마음가짐을 가지도록 노력해야 한다.

자기의 야심이나 부유함을 위해서만 생활하는 사회나 폭력과 부정이 묵인되는 사회, 구성원들 사이에 신뢰감을 가질 수 없는 사회, 사람들 모두가 의욕을 상실하고 있는 사회는 전부 파멸의 위기에 처한 사회이다.

로마가 영웅들로 가득 찼을 때는 매우 번영했었다. 그러나 로마 스스로 쌓아 올린 가치를 존중하지 않았을 때 로마는 멸망했다.

새로운 기술은 행동의 양상을 바꾸지만 행동의 가치나 목적은 바꾸지 않는다. 처음에도 그러하였고 종국에 가서도 그렇게 될 것이다.

필요하지 않은 것들

보통 사람들은 전통적 가치 따위에는 별로 관심이 없다. 그것은 부도난 어음이나 다름없는 것이라 생각하기 때문이다.

그런데 불신이 만연한 사회에서 오히려 성실한 소수의 사람들에게만 그 성실을 필요 이상으로 강요하고 있지는 않은가?

인간의 생애는 편의주의에서 성립되었다.

파렴치한 일을 묘사하거나 은근히 조장시키는 작가나 영화인이 환영받고 절찬받는 것이 요즘의 보편적인 현상이다.

악의를 샅샅이 드러내 보이면 저널리즘은 즉시 반향을 일으키고, 새디즘을 표현하면 그 착상만으로도 베스트 셀러 소설이 된다.

에로티시즘은 극장의 어두운 객석을 가득 채우고, 현학적인 취미를 보이면 세상은 심원한 것으로 받아들이고 고마워한다.

발자크는 바드랑의 말을 인용하여 말했다.

"역사에는 거짓으로 굳어진 공식적인 역사와 진실 자체의 실질적인 역사가 있다. 전자는 목적을 위해서라면 모든 수단이 정당화되며 후자는 숭고한 감정으로 행동이 설명된다.

대부분의 인간은 숙명론자다. 그들은, 승자에게는 아무

불평없이 아부한다.

그러므로 이긴 자는 성공하며 그들의 행위는 모두 정당화된다. 그 행위가 부당할지라도 아무 문제가 없다. 사생활의 이면은 감추어서 겉으로 보기에 화려하고 보기에 제일 근사한 것만 표현해야 한다. 겉모습이 최고이다."

발자크는 다른 사람의 의견을 빌어 말했지만, 그에게도 바드랑적 기질이 없는 것은 아니다.

그러나 바드랑은 악당이었다. 이 말은 뤼시앙 르방프레에게 했던 말인데, 그것을 그대로 실천했던 르방프레는 종국에 가서 옥중 자살을 했다. 결과가 교훈을 벌 준 까닭이되었던 것이다.

히틀러는 국제적 규모의 바드랑이었다. 인정 사정 없는 잔인성으로 도덕을 멸시하고 책략과 폭력을 격찬하는 등 권력을 손에 쥔 악당이었다.

히틀러에게 있어서 '국가가 사회주의 정책을 철저히 할 수 있게' 행동하는 것은 어린 아이들을 죽이고, 여자들을 가스실에 내던지고, 중요한 서약도 제멋대로 어기는 일이며 암살자들을 모이게 하는 일이었다.

히틀러는 최후에 자신의 법정에서 자살하였다. 정의가 좌절될 때도 있는 것처럼 자신의 비밀을 끝까지 지키기 위해 스스로를 희생하는 사람도 있다.

그렇다고 해서 참된 가치를 추구하는 것으로 평온한 생활이 보장되는 것은 아니다. 오히려 그렇지 않은 경우가 더 많다. 다만 가치의 존중 자체로 마음의 평화를 얻는 것이다.

사실 모든 사람이 착하기를 바란다는 것은 있을 수 없

는 일이다.

보금자리에서 막 깨어난 토끼를 노려보는 매의 눈은, 보기만 해도 숨이 가쁠 정도의 매서운 기세로 목표물을 노리고 있다. 매는 때를 놓치지 않고 토끼를 공격하여 한순간에 마무리 한다.

인간 밀림의 나뭇가지에는 많은 매가 노리고 있다.

강도는 황금의 수송을 노리고, 믿을 만한 사람은 남의 물건을 훔치며, 인신매매범들은 미혼 여성들에게 공포의 존재이다.

새디즘 환자는 강간을 한 다음 그것을 미끼로 계속하여 몹쓸짓을 하며, 지금도 세계 어느 곳에서는 기관총을 지닌 병사들이 밀림이나 습한 땅을 헤매며 마치 토끼를 겨누듯 적군들을 겨누고 있다.

이것이 현대 인류의 보편적인 현상이며 문명의 토대를 단단히 구축하기 위하여 더욱 분발해야 하는 것도 이 때문이다.

알랭은 "문명이 세상의 명예가 되지 못하면 세상은 파멸을 향해 갈 것임에 틀림없다"라고 하였다.

인류는 몇천 년 전부터 세상의 명예에 대하여 큰소리로 떠들며 소란을 피우거나 거칠고 천박한 행동을 계속해 왔던 것이다.

그러므로 인류는 도끼날을 버리고 결국은 자루까지도 버리고 약한 말을 내뱉는 사람들을 정당하다고 인정하였다.

그럼에도 불구하고 인간 밀림에는 건전한 재목도 많이 있다는 사실을 알게 될 것이다.

인간은 살아가는 동안 마음 속 깊이 친구라 여겼던 사람에게서 배반을 당하기도 하고 사랑의 열정이 없는 이성 때문에 고민하기도 할 것이며 어처구니없는 엄청난 중상모략을 당하는 일도 있을 것이고 또 앞으로 분명히 있을 것이다.

실러는 "바보에게 줄 약은 없다"라고 말했다.

아우렐리우스는 "오늘도 나는 귀찮은 사람, 배은망덕한 사람, 야비한 사람, 교활한 사람들과 만날 것이라고 매일 아침 스스로 타이르지 않으면 안 된다"라고 말했다.

자기 자신에게 다짐하는 일은 반드시 필요하다. 그러나 이와 같은 부조리함이 무지한 사람들에게만 나타난다고 말하는 것은 아니다.

우리는 자신이 불행할 때, 여지껏 아무런 인연도 없던 사람으로부터 예상도 못했던 헌신적 행위와 애정과 꾸밈없는 태도를 보게 되는 경우가 있다.

우리는 불명예스러운 행위를 보는 일이 있지만 반대로 숭고한 행위도 보게 된다.

때때로 악한 사람이 정에 약한 것을 보고, 고리 대금업자가 아량이 있거나, 세파에 찌든 여인이 애정을 숨기고 있는 것을 보기도 한다.

'자신이 행복할 때는 주위에 많은 친구들이 있을 것이다. 그러나 자기의 운명에 그늘이 지면 외로워지고 어느 누구의 도움도 받을 수 없게 될 것이다'라고 오비디우스는 어느 시에 썼다.

그러나 그의 생각이 항상 옳은 것은 아니다. 가장 진실한 친구들이 곁에 모이는 것은 불행한 일을 당했을 때이다.

항상 좋은 결과만 얻게 된다면 당연히 그만한 적이 생길 것이다. 그것은 자연의 법칙이다.

자기의 존재를 못마땅하게 생각하는 사람이 항상 어느 정도 있게 마련인 것이다. 모든 사람의 마음에 든다는 것은 불가능하며 자기의 성공과 지위를 희망하는 몇 사람의 마음을 초조하게 한다.

우리는 항상 필요없는 말을 너무 지껄이는 편이다. 그렇지만 다른 사람들의 일을 솔직히 판단하게 될 때도 있다. 그들은 솔직한 것을 참지 못한다.

뼈에 사무치는 비난의 말 한마디 때문에 인생의 적을 만드는 일은 허다하다. 인간의 감성은 아주 민감해서 자기에게 관계되는 것이라면 아주 사소한 비판이라도 큰 상처를 받는다.

그것은 약점을 건드릴 경우에는 더욱 심하다. 매사를 조심스럽게 접근하지 않으면 시기하고 의혹을 갖는 경우가 생기는 것이다.

남들의 충고를 받아들이지 못하는 사람들은 상처입은 자와 같다. 상처받은 자리는 시간이 지나면 아문 것처럼 보이지만 그 자리에 조금만 손이 닿아도 심한 통증을 느낀다.

아주 심한 증오도 허황된 정보 하나로 쉽게 자각할 수 있다. 세상에는 다른 사람에게 고통을 주거나 사이가 나빠지도록 음모하며 흡족해 하는 사람이 많다. 또한 그럴 생각이 아니었지만 엉뚱하게 다른 사람들을 자기의 적으로 만드는 경우도 있다.

물론 자신에 대하여 본능적으로 혐오감을 갖는 사람도 있을 것이다.

"혐오는 실수나 고통의 원인이 되는 대상을 배반하는 정신적 혼탁이다. 그것의 대상이 생각의 창조자라고 우리는 알고 있거나 추측하고 있다"라고 스피노자는 말하고 있다.

혐오와 증오는 명백히 다르다. 혐오에는 명확한 근거가 없어서 자기와 전혀 다른 생각을 하는 사람에게는 아무런 혐오도 느끼지 않는다.

이것과는 반대의 입장에서 자기 생애를 회고해 보고 무조건 접근해 보려고 하며, 그것 때문에 도리어 자신으로 하여금 반감에 가까운 혐오감을 일으키게 한 사람이 있었다는 것에 생각이 미친다.

이것은 기질이며 성격인 것이지 사고의 대립에서 생기는 것은 아니다.

호전적이고 무턱대고 심한 말을 뱉으며 반대를 위한 반대만 일삼는 사람은 온화하고 여유 있는 사고를 하며 항상 유쾌한 기분으로 남을 대하는 호인과는 물과 기름처럼 섞이지 않는 것이 당연하다.

그들은 모든 사람을 사랑하려고 애쓰는 사람들도 멸시한다.

온화한 사람은 광신도들을 초조하게 만든다. 생활을 하다 보면 종종, '그에게 아무것도 하지 않았는데 어째서 그는 나를 미워하는 것일까'라고 어이없어 하면서도 상대를 계속해서 만나게 될 때가 있다.

그러나 그렇지 않다. 모욕 중에서도 가장 심한 모욕을

느끼기 때문인 것이다. 자신이 상대방의 눈에는 살아있는 부정으로 비치고 있는 것이다.

그렇다면 우리는 자신의 적에 대하여 어떻게 행동해야 하는가? 그 상대방을 대할 때 미움으로 대해서는 안 된다. 누군가가 자기에게 제멋대로 욕을 한다고 해서 그 말을 전부 다 곧이 들어서는 안 된다.

상대방의 경솔한 거짓말에 화낼 필요가 있는가? 만일 자신이 이러한 적대 감정을 극복하지 못한다면 서로간에 화만 낼 뿐이고 자기의 인생에 해로움만 될 것이다.

우리 앞에는 두 갈레의 길이 놓여 있다. 만일 허위에서 생긴 증오라면 한 번 정도는 오해를 풀도록 노력해야 한다. 서로가 잘 아는 사람에게 중재를 부탁하는 방법도 좋다.

양쪽이 다 이해가 되면 잊어버리거나 흘려 버릴 수도 있는 것이다. 그리고 이러한 경우에는 진실한 해명 같은 것은 피하는 편이 현명하다. 자칫하면 잘 자는 어린 아이를 깨우는 결과를 가져올 수 있기 때문이다.

조금은 구시대적인 이야기 같지만, 서로 손을 잡는 것 뿐이고 말은 하지 않는 것이 낫다.

뿌리 깊은 원한 위에 쌓아 올린 굳건한 우정의 이야기를 몇 가지 알고 있다. 용서는 그 이유를 설명하면서 용서하는 것이 아니다.

이에 반하여, 만일 정말로 성품이 비뚤어지고 항상 화를 내며 상대방의 말에 귀를 기울이지 않을 정도로 고집스럽고 정면에서 마주할 수 없는 불행한 사람과 마주치게 되었다면, 그 사람과의 관계는 끝내는 것이 좋겠다.

그런 사람과는 다시 만난다 하더라도 결코 좋은 결과가 생기지 않을 것이다. 상대방이 능력이 있고 남들에게 인정을 받는다 해도 성격적으로 맞지 않는다면 같이 사귈 필요가 없다.

솜으로 바늘을 싸는 것과 같은 미봉적 협상보다는 헤어지는 편이 현명하다. 원한의 감정이 풀리지 않은 경우 상대하지 않는 것은 화내고 싶지 않기 때문이라고 생각하는 것이 정신 위생에도 좋을 듯하다.

우리는 자기를 사랑하는 사람들과 생활을 같이 한다. 자신을 미워하는 사람들은 사기를 떨어뜨리고 의기소침하게 만든다. 그들과 관계할 때는 항상 '만일 찬성해 준다면'이라는 이익을 앞세운 말이 필요하게 될 것이다.

의견의 일치는 본질에 기본을 두고, 서로간의 옳은 평가에 기초하며, 그 위에 어느 정도의 존경하는 뜻을 더하는 것이다.

따사로운 햇볕을 쬐기 위하여 건물의 층계에서 바깥으로 나가려는 그 어느 순간같이 공간적 순간을 보내는 것도 필요하다.

남들에게 해를 끼치는 것에 여념이 없는 속물에 대해서는 짐승 정도로 취급하여도 무방하다.

다시 한 번 증오에 대해 말하는데, 자기 마음 속에 증오가 그대로 간직된다면, 그로 인해 자신의 품위는 격하되고 말 것이다.

사람들은, 사자를 미워하지는 않지만 사자가 뛰어들어 해칠 우려가 있으면 그 사자는 결국 사람들에게 죽음을 당하게 되는 것이다.

우리는 미친 사람을 미워하지 않는다. 그들은 병원에 들어가 치료를 받는다. 히틀러를 미워하는 것만으로 히틀러를 물리칠 수 없다. 거기에는 대담한 조치가 필요하다. 야수를 붙잡기 위해서는 소굴을 포위할 수 있는 어느 정도의 장비를 생산해야 한다. 폭력에는 폭력을 가지고 대처해야 되는 것이다.

무저항주의는 그것 나름의 장점이 있기는 하지만, 야수를 들에 내놓아 기르는 것과 같은 염려가 다분히 있다. 특히 폭력을 조장하는 사람들에게는 폭력의 이의를 강력하게 주장함으로써 폭력을 일소해야 한다.

평화적 시기에는 '단기간의 즐거운' 전쟁이라든지, 이상향을 추구하는 혁명을 예언하는 사람들의 말에 많은 사람이 현혹되기 쉽다. 그러나 실제로 우리가 체험한 전쟁을 보면, 시체가 산더미처럼 쌓이고 도시는 폐허가 되고 그 시대의 창조물은 파괴되어 버렸다.

발레리의 말에 의하면 "혁명은 2개월 동안 할 일을 2일에 해내지만, 2세기 동안의 일을 2년만에 파괴한다"라고 하였다.

시대에 적합한 개혁에 의해 혁명을 절제할 수 있는 가능성은 충분히 있다. 어떤 사람은 이러한 반론을 제기할 것이다.

'혁명을 절제할 필요는 없다. 혁명은 온갖 병폐를 일소하는 최선의 방법이다. 프랑스 대혁명은 타락한 귀족들에게 급소를 찔려 꼼짝도 못하게 한 것이 아니었는가'그것은 맞는 말이다.

그러나 이 성과는 엄청난 힘을 소모하고 나서 힘겹게

얻은 것이다. 혁명의 횃불을 들었던 세대가 반드시 그 성과의 혜택을 받는 것은 결코 아니다.

프랑스의 국왕이나 러시아의 황제가 더욱 지혜롭고 세상 물정에 밝았더라면 그토록 많은 살육이나 가슴 아픈 희생을 겪지 않아도 똑같은 결과를 얻을 수 있었을 것이다.

영국은 그러한 피의 혁명을 치르지 않고서도 프랑스가 피로써 얻은 귀중한 것을 모두 얻었던 것이다.

옳은 개혁은 자신에게 이익을 주지 않더라도 관대한 마음으로 받아들여야 한다. 그러나 분쟁은, 그것이 국제적인 것이든 국내적인 것이든 무조건 반대할 수 있는 용감하고 대담한 결단을 필요로 한다.

그러나 만일 어떤 사람이 도전해 온다면, 규율을 지키는 범위내에서 두려움과 증오를 버리고 용감하게 응해야 한다. 악덕은 유발되고 미덕은 투쟁하는 것이다.

가장 작은일 부터

남을 복종시키는 것 보다는 남에게 복종하기가 훨씬 어렵다. 우리는 자신을 정겹고 부드럽게 그리고 정성으로 대해야 한다. 그러나 처음부터 반드시 그래야 한다는 것은 아니다.

유능한 기수라면, 훈련도 충분치 않고 지친 말에게 갑자기 어려운 장해물을 넘도록 하지 않는다. 처음에는 천천히 몰면서 숲속을 걷게 한다. 그러다가 말의 몸이 풀리면 넓은 잔디밭 위를 잠시 뛰게 한다.

이러한 준비 운동을 충분히 한 후에는 말도 몸의 상태를 회복하게 되어 무슨 명령이라도 복종할 수 있게 되는 것이다.

지난밤 잠을 충분히 못 잤거나 아침 식사를 너무 많이 해서 피곤한데 밖에는 눈발 섞인 비가 내리고 있다. 그래서 마음은 갑갑하고 해야 할 일은 많다. 그럴 때에는 가장 쉬운 일부터 시작하는 것이 좋다.

인간에게도 활동을 위한 준비 운동이 필요하기 때문이다. 자기의 몸과 마음을 자유롭게 움직일 수 있는 여유를 가져야 한다.

나와 같이 글을 쓰는 사람들은 이러한 규칙을 지키고 있다. 언제든지 기분이 좋지 않다고 여겨지면 무리하게 작품을 구상하지 않는다.

책을 펼쳐들고 몇 페이지를 가볍게 읽는다. 그리고 기억할 만한 것은 다시 읽어 둔다.

또 언젠가는 해야 할 일 가운데서 가장 손쉬운 것, 가령 편지라든지 잡문 같은 것을 쓰곤 한다. 이것은 시간을 보내기 위해서만이 아니라 조만간에 해야 할 일이기 때문이다. 이러한 작은 일들을 함으로써 머리의 번거로움에서 극복할 수 있다.

괴테는 젊은 작가들에게 다음과 같이 조언하였다. '장편 서사시를 하나로 합치는 것보다 어떠한 감동에 영감을 받고 쓰는 단시가 훨씬 용이하다.'

그러므로 시를 쓰고자 한다면 짧은 것부터 시작하는 것이 좋다. 억지로 쓰여진 대작보다 자연스러운 영감으로 쓰여진 시가 더 아름다운 경우가 많다.

괴테가 〈파우스트〉를 쓴 것도 나이가 들어 모든 면에서 원숙해졌을 때이다.

우리가 〈파우스트〉를 쓸 수는 없을 것이다. 그러나 우리는 각자가 도달해야만 할 목표와 수행해야 할 임무를 갖고 있다.

자신에 대해 처음부터 무능하다고 단정해서는 안 된다. 대부분의 사람들은 하고자 하는 일이 장해물을 만나면 스스로 비하하는 경향이 있다.

그들은 자신이 훌륭한 일을 해낼 수 없다고 생각하며 그러한 일을 해낼 만큼 용기나 자신감도 갖고 있지 않다고 생각한다. 그리고는 자기보다 재능이 풍부한 사람들에게 "그는 운이 좋아서 노력도 하지 않고 성공했어"라고 말한다.

그것이 사실인 경우도 간혹 있기는 하다.

이공계 학교의 어느 수석 학생과 알고 지내는데, 그는 평소에 열심히 공부하지도 않고 하루종일 피아노만 치는 데도 문제를 매우 쉽게 해결 하였다. 그러나 그런 경우는 매우 드물다.

어쨌거나 우리는 다른 사람의 실패나 좌절 등을 다 알 수가 없다. 어쩌면 그도 남들이 모르는 사이에 자신의 커다란 목표에 조금이라도 빨리 도달하려고 초조해 있는지도 모른다.

똑똑한 사람은 자신을 잘 파악하여 가장 달성하기 쉬운 목표를 향하여 자기의 능력을 최대한 성실하게 발휘하고 있다.

그러한 사람은 본받아야 한다. 누구에게든지 장점은 있게 마련이다.

스피노자는 "인간의 완성은 말로서의 완성과는 다르다"라고 말했다.

젊은이들에게 있어서의 완성은 성인들과는 다르다. 그들은 넓은 잔디밭에서 악기를 튕겨도 무방하다. 장해물을 극복하기 위해 나아가는 것은 한참 뒤로 미루어도 좋을 것이다.

흔히 말하기를 젊은이들은 자부심이 강하다고 한다. 그러나 이것은 틀린 말이다. 자기 자신에 대한 회의에 빠져 있는 사람들이 더 많다. 잘난 체하며 으시대고 도전적인 사람일수록 열등감으로 고민하는 경우가 많다. 그들은 자신의 가식을 마치 진실인 것처럼 떠들어댄다.

자신을 너무 지나치게 비판하거나 또는 지나치게 자만하는 것은 좋지 않다. 자기의 적성에 맞는 일과 자신의 한계를 넘어선 일을 명확히 구별해야 한다.

경험과 관습의 축적은 자기의 재능을 크게 향상시킬 것이다. 자기 자신을 믿고, 스스로를 비하하거나 불신해서는 안 된다.

모든 일은 천천히 진행시키는 것이 좋다.

난로에 불을 피울 때, 먼저 불쏘시개를 넣고 불이 붙으면 잘 타는 조그만 나무조각을 넣는다. 불이 타올라 탁탁 소리를 내며 제대로 탈 때 장작 한 개비를 던져 넣을 것이다.

이런 식으로 하면 불은 활활 잘 타오를 것이다. 그러나 작은 나무조각에 불이 붙지도 않은 상태에서 큰 장작을 넣어 버렸다면 그 나무 토막의 불길은 꺼져 버리고 타오르지 않을 것이다.

지금 자신의 주위를 돌아보라.

혹시 당장 해야 될 일을 그대로 방치해 두고 있지는 않은가. 지금부터라도 필요한 것들을 하나씩 정돈하라. 사소한 일부터 정돈을 시작하는 것이 좋을 듯하다. 만일 큰일부터 손을 대기 시작한다면 일을 훌륭하게 성취하기 힘들 것이다.

파리의 한 구역을 독점하고 있는 큰 상점의 경우도 시작은 보잘 것 없고 조그만 가게였다. 주인 혼자 꾸려 나가던 그 작은 가게는 조금씩 성장하면서 주위의 가게를 사 들여 지금의 거대한 규모에 이르렀던 것이다.

그러므로 시작은 크게 하는 것보다 작은 규모로 하는 것이 좋은 결과를 위해 바람직하다.

시골에 있을 때 그런 경험을 하였다.

가족을 부양하기 위해서 농지를 개간하는 문제로 전문가를 만나 상담하게 되었다.

그런데 그 전문가는 나를 당황하게 했다. 먼저 가축을 사들이고 초원을 정비해야 하며 대지를 갈아엎으라는 것이다.

그러기 위해서는 엄청난 비용이 필요했다. 다른 수입이 있는 덕분에 타개해 나갈 수 있었지만, 그 농토만으로 생활해 나갔다면 파산하고 말았을 것이다.

그때 내가 상담했던 전문가는 일을 너무 서둘렀던 것이다. 사람들이 여러해 동안에 이룩한 것을 한꺼번에 이루도록 권한 것이다.

가축은 필요에 따라 몇 년에 걸쳐 사들이는 것이고 대지는 계속 달라진다. 지나친 계획에 눌려 헛 고생할 필요는 없다.

장작이 지나치게 많으면 불이 잘 붙지 않는 것처럼, 사랑도 마찬가지다.

불타는 정열 하나만으로 사랑이 불 붙자마자 결혼하는 것은 위험한 행동이라고 본다. 물론 결혼하기 오래 전부터 정열이 뜨겁게 불타고 있었다면 그다지 큰 문제가 되지 않는다.

그러나 우정이나 존경에 기초하여 시작된 결혼이라면 불쏘시개를 지피듯 서서히 시작하는 것이 반드시 필요하다.

서로가 성실하고 명랑하게 취미를 함께 해 나가는 것이 좋을 듯싶다. 그렇게 한 뒤에는 사랑이라는 거대한 불길이 꺼질 염려가 없을 것이다.

　사랑과 직업을 발전시키는 데는 빈틈없는 성의와 참을
성을 필요로 한다.

돈에 대하여

부유한 사람이나 가난한 사람이나 누구를 막론하고 돈이 필요 없다는 사람은 한 명도 없을 것이다.

누구든지 몸을 따뜻하게 하고 무엇인가를 먹어야 살 수 있는 것이다.

수도원은 가난하지 않지만 수도사는 청빈한 생활을 해야 한다. 그렇다고 수도사가 이슬을 먹고 사는 것은 아니다.

일반적으로 남성들은 아내와 아이들을 부양해야 한다. 그러므로 만약의 사태에 대비해서 저축이 필요하며 지출보다 많은 수입이 있어야 한다.

자연의 섭리로 질병에 걸릴 수도 있고 늙게 될 것이다. 따라서 이에 대한 대책을 마련해야 한다. 일을 할 수 없게 되었다고 해서 누군가가 대신 그 가족을 보살펴 주지는 않는다.

부지런하고 능력있는 사람은 조금의 차이는 있더라도 돈을 벌 수 있다. 그러나 자기가 번 돈의 일부를 저축하는 일이 쉬운 것만은 아니다.

투자는 대부분 수익이 생기며 노후에 연금으로 생활하려면 많은 비용을 필요로 한다.

그렇다면 자본을 축적하고 보호하는 방법에는 어떤 것이 있을까?

화폐 가치가 떨어짐에 따라 상승할 것으로 예상되는 주

식을 사 두면 어떨까?

　사람은 뜻밖의 재난을 당할 때가 있다. 오랫동안 융성했던 산업도 새로운 기술이나 달라진 유행 등으로 일순간에 파산하는 경우가 있다.

　주식의 거래는 세계 정세의 변화에 따라 급변한다. 이 변화을 예측하기란 매우 어려운 일이다.

　이에 반하여 고정 수입은 합리적이고 어느 정도 일정하다고 할 수 있다. 그러나 고정 수입은 화폐의 안전성에 그 신뢰도가 달려 있다.

　집이나 토지를 사두는 것은 어떠한가. 그것은 땅값이 오르면 오르는 만큼 과세되기 때문에 현명한 계책이라 할 수는 없다.

　옛그림이나 고서, 혹은 골동품을 수집하는 것은 전문적인 취향을 즐길 수 있다는 이점이 있지만 그것을 현금으로 바꾸려 할 때 살 사람을 쉽게 찾아낼 수 없다는 단점이 있다.

　경제가 침체하면 애호가가 적어지고 혁명이라도 일어나게 된다면 수집품은 몰수당하고 만다. 결국 금전의 안전성은 기대할 수가 없는 것이다. 그렇다고 상대적 안전성까지 찾지 말라는 것은 아니다.

　가지고 있는 달걀을 하나의 바구니에 모두 집어 넣지 말고 어느 정도는 만일의 경우에 대비하여 남기라는 말이 있다.

　그 신중한 태도는 훌륭하지만 얼마 안되는 재산을 가진 보통 사람에게는 해당되지 않는 일이다.

　몇 개의 바구니를 가득차게 하려면 많은 달걀이 필요하

다. 마찬가지로 몇 개의 유동선을 옹호하기 위해서는 풍부
한 군수품을 준비해야 한다.

기업을 경영한다거나 어떠한 것에 대한 연구를 하게 되
면 자기가 가진 모든 것을 그 일에 투자하고 싶어질 것이
다.

겁을 먹고 조금씩 투자해서 실패하는 것보다, 결과야 어
떻든 크게 투자하여 성공하는 편이 낫겠다고 생각하게 될
것이다.

어쨌든 지출이 수입보다 많아져서는 안 된다. 지출을 한
없이 줄일 수도 없지만 수입은 예기치 않게 떨어질 때가
있기 때문이다.

때때로 '하다가 안 되면 돈을 빌어 보겠다'는 말을 하는
데, 그러한 말은 최악의 경우가 아닌 이상 절대로 해서는
안 된다.

돈 빌리는 일에는 항상 부담이 따르게 마련이다. 아무리
가까운 사이의 채권자라도 한번 경계하기 시작하면 잔인
하게 된다. 그가 친구라 하더라도 곧 우정을 끊으려 할 것
이다.

그러면 두려움 때문에 전부 다 그대로 내버려두고 도망
치는 일이 생길 것이다. 그렇게 해서 일단 파멸은 피할 수
있겠지만 상대방은 자신이 속은 것을 잊지 않고 평생 원
망할 것이다.

아무리 이해심 많은 가족이라도 허황된 계획에 돈을 투
자하는 일은 못마땅하게 생각한다.

그러나 미래에 반드시 번영할 사업을 창안해 냈다면 사

정은 달라지게 된다. 그때는 경험을 담보로 은행의 융자를 받을 수 있다.

하지만 장래를 계획하는 것이 비관적이면 의외의 좋지 않은 일이 일어난다. 미래에 다가올 여러 경우를 알고 있으면서도 자칫 모험을 하게 된다.

하지만 불확실한 미지의 세계에 무작정하고 뛰어드는 무모함 보다는 간단하지만 명확한 일을 하는 편이 현명하다.

종종 일을 하는 목적이 부의 축적에 있지 않다고 말하는 경우가 있다. 그러나 이것은 틀린 생각이다.

그렇다면 부란 것은 반드시 필요한가.

물론 가난 때문에 자신이나 가족들이 필요한 것을 사지 못한다는 것은 불행한 일이다. 하지만 너무 부유한 가정에서 태어나는 것도 어떤 의미에서는 불행한 운명이다.

부유한 가정의 아이들은 다른 사람과 진실된 우정을 나누지도 못하고 고통이나 기쁨도 분별해 본 일도 없이 어른이 되기 쉽다.

'부자집 자녀'일수록 쉽게 실패하고 빈곤 속에서 헤매는 경우가 많다. 무일푼으로 시작하여 부를 이룬 사람들은 일찍이 인간으로서 자각한 사람들이다.

그들은 가슴 아픈 추억을 갖고 있지만 그것으로 인해 자만심을 버릴 수 있다. 그러나 그들도 언젠가는 부자로서의 의식을 갖게 될 것이다.

설득 능력은 설득하는 것을 필요로 하는 사람에게만 한정되어 있다. 그들은 거의 맹목적으로 전진한다. 그러나 그들은 스스로의 무지함 때문에 권력을 잃기가 쉽다. 지식을 쌓는 것은 가난한 사람이 할 일이다.

어쨌든 열심히 활동해서 각자가 필요한 만큼의 적당한 부를 만들어야 하겠다.

기술자건 상인이건 예술가건 간에 자신의 뛰어나고 끈기있는 노력으로 부자가 된 것에 대하여 악담하는 사람은 없다. 오히려 그 반대로 사회는 자신이 쏟은 노력만큼 다시 되돌려준다.

그러나 사회에 대하여 아무 일도 하지 않았거나 조금밖에 일하지 않으면 그는 사회에서 매장당하고 만다. 공산주의 국가에서도 위대한 예술가나 공장 관리자는 일반인보다 높은 보수를 받는 것이 인정되어 있다.

그렇다 하더라도 소수의 사람들을 제외하고는 예술가가 거대한 부를 이룬다는 것은 거의 불가능하다. 거대한 부자들은 대부분이 추상적이고 수리적이며 비인간적인 방법을 동원하여 부를 쌓는다.

그들은 사회 단체에 출자하고 회사를 합병하며 기부금으로 사업을 시작한다. 그리고 판로를 어떻게 확장해 나갈 것인가를 연구하고 투기를 일삼으며 갖가지 전략을 세운다. 그러한 노력들은 거대한 부를 만들어 내는데 크게 기여한다.

억만장자의 머리속은 허깨비로 가득 차 있다. 성공은 그에게 지나친 자만심을 갖게 한다. 그가 자만심으로 기업의 무리한 확장에 몰두해 있는 동안에 궁전 같은 그의 집은 순간적인 운명의 바람으로 무너져 버린다.

반드시 부자가 되겠다는 생각은 옳지 않다. 부자는 정복자와 비슷한 것이다. 적절한 시기에 이르렀을 때 멈추는 것이 부자의 가장 큰 미덕이다. 그러한 미덕을 가지고 있는 부자는 다른 사람에게 외면당하는 일이 별로 없을 것이다.

예술적 창조력에 집착해 있는 사람은 지나친 부를 경계해야 한다. 그렇지 않으면 오로지 금전적 보상에만 급급하게 되어 그의 예술적 기질은 제대로 발휘하지 못하고 마는 경우도 있다.

빈곤과 채무로 인한 투옥이 없었다면 발자크는 존재하지 않았을 것이다.

그는 빈곤한 덕분에, 호화로운 저택에서 자유롭게 살고 있는 부자는 도저히 이해할 수 없는 독특한 세계를 경험하였던 것이다.

그는 돈 때문에 부득이 일을 해야 되었다. 지불해야 할 어음의 기일을 어기면 입건될 것이고 또 현관에서는 집달리가 대기하고 있었기 때문에 일 년에 네 편의 장편 소설을 쓰기도 하고 고달픔을 이기며 훌륭한 단편을 썼던 것이다.

부자였기 때문에 재능을 충분히 발휘하지 못했던 음악가와 화가를 알고 있다. 부자가 되고 나서도 곤란했을 때와 조금도 변함없이 계속 노력하는 사람만이 이 운명을 피할 수 있다.

빅토르 위고는 막대한 재산을 갖고 있었지만 그것을 훌륭하게 관리했고 스스로 절제하는 생활을 계속하였다.

돈이 생기는 즉시 그날 중으로 다 써 버리는 발자크의 기질을 닮은 예술가들에 대해서는 관대하게 봐 줘도 좋을 것이다.

알랭은 발자크의 작품에 등장하는 크랑데나 코프세크와 같은 돈의 노예를 칭찬하고 있다.

그의 말에 의하면, 그들은 애써 모은 재산을 다 헛되게 쓰지는 않으므로 유익한 시민이라고 한다. 머지않아 그들의 재산이 일반 시민들에게 환원된다는 것은 틀림없는 사실이다.

'수전노는 은폐된 주택에 혼자 살면서 고상함이나 천박함 따위는 무시하고 날이 밝기 전에 사람들의 발걸음 소리를 듣고 그들의 직업을 구분한다.' 이러한 아침의 동정이야말로 재산을 정당화시킬 수 있다는 것을 듣고 그것을 이해한다.

그는 날이 밝기 전에 일어나 크랑데처럼 자기 계단의 판자에 못을 박아 고정시킨다. 크랑데는 콧노래를 부르며 일하고 있다. 무슨 일이든지 대중에게 재화를 나눠 준다는 것을 그는 깊이 느끼고 있다.

낭비벽이 있는 사람은 돈을 함부로 써 버리지만 수전노는 돈을 쓰지 않고 일만 한다. 그들은 황금을 쌓아 두고있다.

그들의 축재가 다른 사람을 가난하게 만들지는 않지만 디젤 열차나 초음속 제트기, 혹은 우주선 등의 제조 과정에서 빈곤을 겪게 한다.

지금까지 일랭의 의견을 말하였는데 솔직히 나는 그와 생각이 다르다.

나는 축재를 하라고 권유하지 않는다. 개인의 축재가 모든 사람을 가난하게 만들지 않는다고 말하는 것은 잘못된 생각이다.

황금이 돌수록 여기서 이윤이 생겨 대중을 빈곤에서 구할 수 있는 것이다.

차라리 나는 이렇게 생각한다.

무엇이든 관계없지만 보험을 많이 들고 검소한 생활을 해나가는 것이 현명하다. 그렇게 하면 신체적·정신적으로 현저한 효과가 나타날 것이다.

나는 어떤 어만 장자를 알고 있었다. 그는 자기가 원하는 여자는 모두 돈으로 살 수 있었다.

그런데 어느 날 지하철에서 마음에 드는 젊은 처녀를 보고 그녀의 환심을 얻기 위하여 수수한 제비꽃 한 다발을 보냈다.

그는 아주 적은 돈으로 어떤 것과도 대신할 수 없는 기쁨을 안겨 주어 성공을 거두게 되었다.

요컨대 비싼 캐비어를 사는 방법을 찾을 것이 아니라 마음을 감동시킬 수 있는 진실한 방법을 찾는 것이 중요하다.

돈에 대해 너무 얽매이는 것은 곤란하지만 그렇다고 해서 돈을 무시해 버리는 것도 어리석은 일이다.

그것은 수천 년 동안이나 교환과 이동이 손쉬웠고 누구에게든 필요했다.

공산주의 국가에서도 봉급을 지불하고 검소와 절약을 장려하며 모든 사람이 자기 돈으로 취미를 즐길 수 있도록 하고 있다.

그러나 돈의 노예가 되어서는 절대로 안 된다. 부자라는 이유 하나만으로 그를 칭송하고 따르며 아첨하는 것은 천박감과 열등감을 드러내는 일이다.

그러나 부자이면서 지성을 갖춘 사람은 매력적이다. 그런 사람과 사귀게 되면 우정은 극히 자연스럽게 그의 지성에 휩싸여 매력을 더하게 될 것이다. 거기에 재화라는 매력이 있으므로 더욱 마음에 들 것이다.

예술가의 경우, 기분 좋게 끝낸 일에 대해 댓가를 받을 때 돈이 자신에게 부조리를 강요한다면 결코 용서하지 않는다.

돈이 갖는 다른 어려운 문제는 가족 사이에서 그것 때문에 관계가 어색해지는 것이다. 수입을 제멋대로 쓰면서 아이들은 먹든지 굶든지 내버려두는 가장은 마땅히 비난받아야 한다.

유산 상속을 둘러싼 가족들 간의 탐욕과 간교한 음모는 굶주린 젊은 이리들이 포식한 늙은 이리 곁을 맴도는 것과 같다.

가능하다면 아이들이 혼자서도 스스로의 일을 해결 할 수 있을 때까지 도와 주는 것이 좋다. 아이들의 계획이 스스로 판단하기에 옳다고 인정되면 마땅히 도움을 주어야 한다.

자식이 억제할 수 없을 만큼 강하고 어떤 일에 흥미를 갖고 있으면, 그것이 자신의 입장에서는 이상하게 보이더라도 무조건 반대하는 것은 좋지 않다.

아들이 고위 관리가 되기를 간절하게 바라던 발자크의 양친은 그가 글을 쓰고자 하는 것을 아주 못마땅하게 여겼다.

그래도 발자크의 하숙 생활을 용서하고 일 년의 유예 기간을 주었던 것이다. 귀여운 자식일수록 더 꾸짖는다는 것은 옛날 이야기가 되었다.

자신의 젊은 시절을 잘 기억해 두어야 한다. 아이들을 보살피면서도 아이들끼리 서로 도움을 주도록 엄하게 다스리는 것이 좋다. 어린 아이들의 성격과 주체성은 장해에 부딪치면서 형성되는 것이다.

어미새는 자기 입으로 새끼 입에 먹이를 넣어 주지만 나는 것은 새끼 자신의 날개로 날도록 가르치고 있다.

여가를 유용하게

기성세대들은 항상 아침부터 밤 늦게까지 일하는 생활이었다.

이에 반해 요즘 젊은이들은 레저 문명의 혜택을 받아 하루 노동 시간이 7시간, 6시간, 5시간으로 갈수록 단축되고 3주 간의 휴가도 머잖아 3개월이라는 식으로 변하고 있다.

이러한 전망은 벌써 눈앞에까지 다가오고 있다.

그렇다고 해서 물자가 부족되는 일은 없다. 생산의 문제는 과학이 점차 발달하여 기계를 자동화함으로써 해결되기 때문이다.

공장은 소수의 인력만으로 운영되고 회사 간부가 할 일은 전자계산기가 대신 처리할 것이다. 자연히 일의 중요성 따위는 없어지고 레저가 조직화될 것이다.

그러나 레저로 가득 찬 문명이 바람직하다고는 생각지 않는다.

물론 옛날처럼 매일 10시간 내지 12시간을 일하지 않고도 해야 할 일을 끝낸다는 것은 훌륭하다.

일할 시간이 6 시간으로 단축되었다 해도 책을 읽는다든지, 정원을 가꾼다든지, 어린이를 보살핀다든지, 운동을 한다든지, 오락물을 관람하든지 친구들을 만나기 위해서도 시간은 필요하게 될 것이다.

여기까지는 그런대로 괜찮지만 좀더 앞으로 나아가 하루에 2시간이나 3시간으로 단축시킨 작업 시간을 생각해 보자.

그렇게 되면 인간은 모두 적막함과 무료함에 시달리는 고통을 당할 것이다.

레저의 근본적인 매력은 하루의 일이 끝나고 나서 자리를 뜨는 것이다. 하루종일 만지던 기계나 서류를 정리하는 기쁨은 유희나 예술이나 여행이라는 목적이 있을 때는 한층 더하게 되는 것이다.

일이란 어떤 것이든 간에 레저를 즐길 수 없게 되면 싫증의 위협을 받는 것이다. 그러므로 여가를 이용하는 일은 반드시 필요하게 될 것이다.

모든 일을 기계가 하게 되어도 사람들이 무료하지 않기 위해서는 일을 조금은 해야 한다. 그렇지 않으면 거대한 실업이 야기될 것이다.

레저 사회는 과거에도 존재하고 있었다. 그때는 일을 해결해 주는 것이 기계가 아니고 노예였다. 당시의 주인들은 플라톤이나 세네카 등이었다.

중세의 기사들도 직접 생산에 참여하지는 않았으며, 19세기와 20세기 초에도 한가함에 만족하던 무리들이 있었다.

프루스트의 작품에는 팔걸이 의자 옆에 실크 모자를 들고 있는 상류 사회 사람들이 등장한다.

그들은 연회나 정부의 집에서 노닥거릴 뿐이다. 소수의 부자가 여유 있는 생활을 했다고 해서 대중의 미래가 행복하지 않을 까닭은 없다.

그러나 그들이 반드시 시간을 허비했다고는 볼 수 없다. 중세의 기사는 그 나름대로 사냥, 전쟁, 연애 등으로 적절하게 시간을 보냈다.

페리클레스 시대의 그리스가 철학과 운동 경기와 정치로 세월을 보낸 것처럼 말이다.

여가 시간이 늘면 사람들의 성격에 변화가 생겨 고상하고 훌륭한 취미를 즐길 수도 있다.

교양을 위한 독서는 많은 사람의 인생을 변모시켜 준다. 그러나 사람이 빵만으로는 살 수 없는 것처럼 독서만으로도 살 수 없다.

권태는 전쟁을 일으키는 원인이 된다. 그러나 전쟁에 대한 두려움은 시대 착오이다. 사람들은 안일하고자 한다.

열대 지방 원주민들의 환경은 어쩔 수 없는 것이다. 요즘은 난방의 발달로 어느 나라든 열대 나라가 되었으며 열정적인 사랑이나 감정의 세밀함은 한가한 사회에서 발전한다.

그렇지만 정열적이고 감각적인 사랑은 종교적 금기와 여성에 대한 경외감, 언어에 대한 수치심 등으로 얽힌 도덕적 풍토를 반드시 필요로 한다.

몽테스키외는 "방자(放姿)가 한참일 때 자신의 육체에 정이 떨어져 사귀지 않는 혼을 가지고 있다"라고 했고, "방자는 사랑의 종말이고, 잔인은 야망의 종말이다"라고 알랭은 말했다.

한가한 시간을 쾌락적인 사랑으로 허비하기보다는 예술·운동·여행 등이 훨씬 항구적일 것이다.

어렸을 때에 스포츠 하나를 선택하여 뛰어난 재능을 보이는 것이 좋을 듯하다. 그렇게 되면 국가와 민족과 계급을 초월한 우정의 단원이 될 것이다.

장대 높이뛰기에서 5미터 이상을 뛰거나 100미터를 10초 내외에 달리게 된다면 최우수 단원으로 인정받을 것이다.

테니스나 축구·럭비에서 우수 선수가 된다면 정신적으로 세계적인 포부를 가질 것이다.

스포츠는 어떠한 이해 관계도 갖지 않으면서 무료한 시간을 유익하게 보낼 수 있는 것이다.

예술적 교양을 쌓는 일도 중요하다. 예술은 유희가 아니다. 가장 위대한 예술은 가장 진실한 것을 의미한다. 예술은 인간을 해방시키고 융화해 준다.

그리고 우리가 인생에서 직접 경험할 수 없는 것, 즉 숙고하지 않아도 이해할 수 있는 세계를 예술에서 찾을 수 있는 것이다.

공상은 정신과 평화에 커다란 해로움을 준다. 공상은 미래에 대한 공포와 불안을 심어 주고, 한편으로는 과거를 돌이키면서 회한에 젖게 한다.

그러나 예술은 공상으로도 변화시킬 수 없는 광경에 정확하게 주의력을 정착시켜 준다.

〈보바리 부인〉에 대하여는 아무 근심없이 꿈꾸어도 좋지만 공상은 억제하고 떨쳐 버려야 한다.

우리는 종종 극장에 가서 시끌벅적하거나 추악하거나 눈물을 짜내는 상연물을 보는 경우가 있다. 그리고 인생에 이러한 연극이 있다는 것에 쾌감을 느낄 것이다. 우리는 이러한 연극을 객석에 앉아 조용히 감상만 하고 있으면 된다.

정념은 스스로 맑아지고 깨끗해진다. 예술은 정신으로

하여금 명상과 평화가 융합할 수 있도록 해준다.

평범하고 용렬하며 저속한 영화도 많지만 우수한 작품은 커다란 감동을 준다. 이탈리아의 〈길〉, 영국의 〈밀회〉, 프랑스의 〈육체의 악마〉, 〈오후 다섯 시에서 일곱 시까지의 크레오〉, 스웨덴의 〈산딸기〉는 일류의 무대가 아니면 볼 수 없는 완벽함을 발견하게 한다.

영화는 위대한 예술이며 근심과 불안을 없애주는 예술이다. 영화인 중에서도 대작가나 대극작가와 동등하게 예술사에 이름을 남길 사람이 탄생될 것이다.

텔레비젼은 훌륭하고 유익한 기계라고 말할 수 있다. 이 작은 스크린을 통해 자신의 감상을 수백만 시청자에게 전달할 수 있으니 얼마나 매력적인가. 지적 문화와 정적 문화의 미래는 오로지 이 텔레비젼을 어떻게 사용하는가에 달려 있으며, 또 이것을 잘 사용함으로써 매우 훌륭한 교육 방법이 개발될 것이다.

지금도 각 가정에서는 매일 밤 채널을 돌려, 보고 듣고 비판하고 있다. 물론 여가가 있을 때만 보는 것으로 인식하고 있는 것도 사실이다.

또한 텔레비젼은 성별과 계급을 초월하고 국경까지 넘어 전세계의 인류를 하나로 이어 주고 있다는 것이 어느 나라에서나 일상 생활의 대화로 오가고 있다.

TV 예술을 창조하는 일은 매우 매력적이다. 몰리에르나 발자크에 잘 어울리는 텔레비젼을 프랑스에 주는 것은 삶의 보람이 되는 훌륭한 일이라 하겠다. 그것은 생각지도 않았던 피라밋이다.

대중 문화의 역할은 좋든 싫든 점점 커질 것이다.

에드가 모랑은 "대중 문화는 일에서, 축제에서, 가정에서 돌아보지 않는 곳으로 퍼져 나간다.… 큰 의미를 갖는 휴가에서, 더욱 큰 장기 휴가의 가치가 탄생하는 것이다"라고 말했다.

스스로 땀 흘려 빵을 얻을 필요가 없어지면 인류의 소수는 눈치에 매달리게 된다.

남성다운 가치는 내기에 돈을 걸거나 마음 속으로 미루어 생각하는 폭력에 있다고 생각하는 경향이 있다.

프랑스의 〈사내의 싸움〉이라는 영화는 상상에 의한 폭력이 실제로 폭력의 온상이 되는 것을 표현하고 있다. 청춘기를 주제로 한 영화는 그 시대의 정신을 지배한다. 제임스 딘은 대중 문화의 셸리였다.

노인은 어지간히 좋게 위장하고 보완하지 않는 한 그 평가는 낮아진다. 그러나 인생에서는 연령에 관계없이 누구나 존경받을 권리가 있는 것이다. 노인이 존경받지 못하고 청년이 사랑받지 못하는 사회는 모든 것에 있어서 조화가 깨진 불구자의 사회가 될 것이다.

권하고 싶은 양서

우리는 우리의 생애가 어떻게 될 것인지에 대해 알 수고 없다.

문학에 재능이 있는 것 같기도 하고 학문에 재능이 있는 것 같기도 하며 법률이 적성에 맞을 것 같기도 하고 정치를 하면 좋을 것 같기도 할 것이다.

직업을 선택하는 데 있어서도 국가 기관, 개인 기업, 또 연구 방면이나 실천 방면 등이 있다.

요컨대 무슨 일을 선택하든지 간에 기초 교양은 필요하다. 결국 그 교양도 인생이라는 피라밋의 기반이 되는 주춧돌의 하나이다.

아무리 다방면에 걸쳐 많은 지식을 가지고 있다해도 그리 중요한 것은 아니다.

시에 대한 지식은 시화집에 의존할 것이고 역사적 지식은 역사책에 의존한 것뿐이다.

교양을 쌓는다는 것은 무엇이든지 닥치는 대로 건드려 보는 것도 아니고 한 분야에 대해서만 풍부한 지식을 자랑하는 것도 아니다.

어떤 것이든 간에 자신에게 필요한 양분을 섭취하고 그것을 통해 훌륭한 정신을 갖도록 하는 것이 바로 교양이다.

자기의 인생에서 스승으로 모실 수 있는 거장을 소수로 가려서 그들의 작품을 탐독하는 것이 좋다. 그들은 이 세상에 이미 존재하지 않지만, 그 사고는 우리들의 사고를 편안하게 해주고 또 우리들은 그들의 작품에 깃든 추억에 즐거움을 준다.

발자크의 성실한 독자가 되면 라스디나크와 바드랑이 처음으로 만나는 것에 생각이 미쳤을 때 곧장 처음에 썼던 작품을 찾게 된다. 이것은 오래도록 변함없이 친밀해질 수 있는 선결 요건이다.

대중 모두에게 작가들은 소개하는 따위의 여유는 아무도 갖고 있지 않다. 선택하는 것이 선결 과제이다. 일단 선택하면 천천히 회합과 기호에 따라 성실한 독자가 될 수 있을 것이다. 물론 자신의 관심에 따라 마음에 드는 작품을 고르면 되는 것이다.

그러면 지금부터 교양에 도움을 줄 수 있는 우수한 작품들을 소개하겠다.

먼저 그리스부터 시작하면 호메로스, 아이스퀼로스, 소포클레스, 아리스토파네스 등이 있다.

"〈일리아드〉처럼 무료한 것은 없을 것이다"라고 지드는 말했다. 이 말은 〈일리아드〉가 지독하게 재미없다는 뜻인데 〈오딧세이〉도 마찬가지다.

플루타르코스는 여러 시대를 통하여 많은 사람들의 모범으로 인정되고 있다. 매우 세심하게 정선된 내 서재에도 플루타르코스는 호메로스 옆에 꽂혀 있다. 그것은 플라톤의 저서와도 가까이에 있다.

그리고 구약 성서는 자기가 신자이건 아니건 간에 공손히 다루어야 한다.

에픽테투스, 아우렐리우스, 세네카의 순서로 읽어 보고,

이들에게서 건전한 도덕을 배우는 일은 자신의 생애에 커다란 도움이 될 것이다.

만일 자신이 유능한 라틴어 학도라면 베르길리우스, 호라타우스, 루크레티우스, 유베나리스 등을 선택하라. 그들은 모두 슬픔을 노래한 시인들이다.

번역은 그 독특한 매력을 사장시킨다. 호메로스 정도라면 이 번역에 무난할 것이고 타키투스도 명역이 될 수 있는 한 그 장중한 간결의 멋을 프랑스어에서도 느낄 수 있을 것이다.

여기서 몇 세기를 지나면 우리의 정신을 자각시켜 줄 라블레가 있다. 물론 몽테뉴에게는 미치지 못한다.

만약에 16세기까지의 훌륭한 저서들을 세 권으로 좁혀야 한다면 호메로스, 플루타코스, 몽테뉴의 것으로 고를 수 있겠다.

알랭은 매년 한 사람의 대시인을 재독한다는 규칙을 스스로에게 부과하고 있었다. 일 년은 비용을, 일 년은 롱사르를 일 년은 뒤블레를 읽는 것이다. 16세기는 이 정도로 정리가 될 듯하다.

17세기는 백화 난만이라고 할 정도로 많은 작품이 쏟아져 나왔다. 우선 레스 추기경과 생시몽의 〈회상록〉을 들어 둔다. 자신의 명예에 대한 가르침을 받을 필요가 있다면 코르네이유의 극작을 대하는 것이 좋다.

예지에 대해서는 몰리에르의 작품을 읽어 보라. 파이프 오르간의 협주곡과 같은 보슈에의 〈추도사〉, 그 위에 라퐁텐의 〈우화〉도 제외할 수 없다.

라신에 대해서는 일 년 이상을 매달려야 할 것이다. 라신의 작품 속에서 독자는 자신의 전생애를 경험할 수 있을 것이다.

18세기에서는 몽테스키외를 빼놓을 수 없다. 〈법의 정신〉은 자신과 동료가 될 것이다. 볼테르의 〈캉디드〉는 한 편의 시로서 읽는 것이 좋겠다.

디드로에게서는 〈달랑베르의 꿈〉, 〈맹인에게 보내는 서간〉, 〈라모의 조카〉 등의 단편이 좋을 것이다. 그 뛰어난 총명함이나 적절한 묘사는 다른 것과는 비교할 수 없을 만큼 훌륭하다.

마리보의 시는 일 년을 투자할만하다.

루소는 문제점들을 제기하고 있다. 〈고백〉을 자기 입장에 놓고서 그 문제를 해명해 보라.

나는 〈에밀〉과 〈신 엘로이스〉를 두 번 정도 읽었다. 한 번은 학사모를 따기 위해서였고 또 한번은 50세쯤 되었을 때 호기심으로 읽었는데, 나에게는 이 정도로 충분하다.

창작 활동이 활발했던 위대한 19세기에는 선택의 폭이 넓어진다. 콘스탕과 샤토브리앙을 대하는 것은 당연한 일이다.

〈무덤 저 쪽의 추억〉은 우리와 끊을 수 없는 사이가 될 것이다. 이 작품은 때로 레스나 생시몽의 〈회상록〉에 견줄 만하다.

이러한 종류와 비슷한 것으로 〈세인트 헤레나의 추억〉이 있다. 〈나폴레옹〉에서는 인간에 대하여, 권리에 대하여, 문체에 대하여도 배울 것이 많이 있다.

스탕달과 발자크의 작품은 몇 번을 되풀이해서 읽어도

새로운 것을 발견하게 된다.

스탕달은 영광에 차면서도 조금은 미치광이처럼 보이는, 그러면서도 글로써는 다할 수 없는 삶의 방법을 제시하고 있다.

발자크는 선악의 극치에까지 이르는 모든 삶의 방법을 가르쳐 준다. 그는 사회를 조종하도록 해준다.

프랑스는 발자크가 관찰한 시대에서부터 거의 변하지 않았다. 급격하게 움직이고 있는 현대는 평이했던 19세기에 비하면 〈인간 희극〉의 종말에 가깝다. 샤토브리앙, 발자크, 스탕달 등이 세계의 정상을 차지하고 있다.

발자크가 말하는 것처럼 생 드 뵈브에 의해 이루어진 무명의 전기를 읽는 것은 굳이 부담스러운 것은 아니지만 인품을 믿을 수 없고 동시대의 사람들을 판단하는 것도 옳지 않았다.

플로베르는 천부적인 재능은 없지만 좋은 기술과 꾸준한 노력으로 〈보바리 부인〉과 〈감정 교육〉을 내놓는 데 성공하였다. 조르즈 상드는 〈내 생애의 역사〉와 〈콩쉬엘로〉의 서론 정도면 족할 것이다.

우리는 위고의 시대에서 새로운 산정을 발견할 수 있다. 어리석은 사람들은 그가 지성이 없다고 떠들어댈 것이다. 그러나 〈견문록〉과 〈레 미제라블〉을 읽고 나면 그들 스스로 정확한 판단을 하게 될 것이다.

위고는 청춘 시절부터 묘지에 누울 때까지 프랑스어의 거장이고 리듬의 놀라운 발견자이며 순박하고 영원성을 지닌 감각의 시인이었다.

위고와 견줄 수 있는 보들레르, 말라르메, 발레리, 베를

렌은 그를 칭송하고 모방했다.

비관적 삶을 위하여 랭보도 기억해 두자. 언젠가는 반드시 반항의 날이 올 것이다.

"20세에 무정부주의자가 아닌 사람은 30세가 되어도 소방서장이 될 만한 의욕과 활력이 없을 것이다"라고 알랭은 말했다.

프랑스에서 셰익스피어와 어깨를 나란히 할 만한 극작가는 뮈세이다. 〈뒤피유와 고드네의 편지〉라는 평론은 매우 흥미있다. 또한 뮈세의 시는 많은 감명을 받게 한다. 그러나 시에서는 위고를 가장 먼저 고른다.

알랭은 테느와 르낭을 '문학의 파수꾼'이라고 질책하면서 경멸하고 있다. 그러나 혹독하게 비난만 할 것이 아니라 〈현대 프랑스의 기원〉과 〈철학적 희곡〉에는 기회를 주어 정진하도록 해야 할 것이다.

또한 알랭은 메리메를 비판했는데, 이것은 문학보다는 정치적 의미에서 한 것이라고 생각된다. 알랭은 메리메가 제2 제정기에 원로원 의원이었다는 점을 못마땅하게 여기고 있었다.

메리메에게 감상적인 면보다 냉담함이 있었던 것은 사실이다. 메리메는 자신의 무릎 위에서 놀던 어린이가 성장하여 아름다운 황후가 된 모습을 보고 제도의 결함 따위는 잊어버리게 되었던 것이다.

메리메의 담박함은 그 밑바닥에 수치심이 흐르고 있는데, 그것은 스탕달과 유사하다고 생각한다. 〈카르멘〉, 〈에트루리아의 항아리〉, 〈이중의 오해〉는 읽어 둘 만한 작품이다. 그것들을 읽고 나면 메리메에 대한 인식이 달라질 것이다.

프랑스에서 또 하나의 거대한 봉우리로 불리는 사람은 마르셀 프루스트이다. 그의 위대함은 발자크에 견줄 수 있는데 발자크 같이 사회적이지는 않지만 뛰어난 분석 감각과 예술적 창조성은 독자들을 매혹시킨다.

〈잃어버린 시간을 찾아서〉는 예술이라는 바탕에서 찾아낼 수 있는 시대의 시편이다.

우리는 마르셀 프루스트와 동시대 작가인 발레리와 알랭을 다시 만나게 된다.

알랭의 저작을 수록한 프레이야드 판의 세 권 안에서 그의 모든 것을 배울 수 있다. 도덕, 철학, 미술, 그리고 종교의 본질을 배울 수 있는 것이다. 알랭의 작품을 처음 대할 때는 그의 거칠고 줄거리 없는 문체 때문에 혼란스러움을 느끼게 된다.

그러나 조금 지나면 알랭의 미를 알게 될 것이다. 그는 인생과 인간에 대하여 알도록 해준다.

베르크송과 크로델은 자신에게 도움을 줄 수 있을지 어떨지 직접 확인하는 것이 좋을 듯하다.

그리고 셰익스피어, 로페 데 베가, 스위프트, 디킨즈, 에드가 앨런 포우, 괴테, 단테, 세르반테스도 빼놓아서는 안 된다.

인생의 신비한 경험을 위해서는 러시아 문학을 빠뜨리지 말아야 한다.

톨스토이의 〈전쟁과 평화〉, 〈안나 카레리나〉, 〈이반 일리치의 죽음〉을 능가하는 작품은 없다. 톨스토이의 이상주의는 고의성을 가지고 있는 듯하지만, 어쨌든 그는 홀

류한 작가이다.

체홉만큼 친근감을 깨닫게 하는 작가는 없을 것이다. 그리고 고골리의 〈죽은 혼〉, 투르게네프의 〈루딘〉, 〈아버지와 아들〉, 〈연기〉, 푸시킨의 꽁트, 조이스와 카프카는 자기의 교양에 어떠한 도움이 될지 직접 읽어 보는 것이 좋겠다.

이상으로 평생동안 생애를 유익하게 할 수 있는 독서목록을 제시하였다.

학문이나 직업적인 필요로 읽어야 할 책도 많은데 이러한 책들을 언제 읽겠느냐고 반문하는 사람들을 위해 일곱 명의 저자로 펴낸 서가용 전집을 권한다. 그들은 호메로스, 몽테뉴, 셰익스피어, 발자크, 톨스토이, 프루스트, 알랭이다.

이들의 저서를 완전히 이해한다면 대단한 교양을 갖춘 사람이 될 것이다. 그리고 자기의 직업과 관계가 없는 것이라도 앞에 제시했던 문학적 교양에 과학적 교양까지 쌓아야 한다.

클로드 베르나르의 〈실험 의학 연구 서설〉은 어지러운 현대 사회의 제문제를 해결하는 열쇠의 하나이다.

인간이 수리적 역설을 발견했을 때, 처음으로 그 역설은 사실을 참작해야 된다는 것을 이해했을 때, 인간 세계는 일변하였다.

학자와 그들의 비결을 모르고는 공장, 사회, 국가 등 그 무엇도 관리할 수 없다. 만일 무지해서 학자의 일이나 과학적 탐구에 대해 전혀 모른다면 어떻게 현대 사회를 이해할 수 있겠는가.

이오네스꼬는 델타 위성은 오직 하나밖에 없고, 이 인공 위성에서 전송되는 흥미 없는 영상보다는 그 자체가 중요 하다고 말했다.

올더스 헉슬리는 교양인이 되려면 셰익스피어의 작품은 반드시 알아야 한다고 믿으면서 열역학의 제2법칙은 몰라도 무방하다고 생각하는 것에 납득이 안 간다고 주장했다.

현대 사회에서 과학을 강조하는 것이 예술 문학의 파국을 의미한다고 생각하지 않는다. 과학은 인간에게 외계에 대한 위력을 주며, 이 위력은 점점 강해지고 있다.

그리고 문학은 인간의 정신 세계에 질서를 갖도록 도와준다.

그러므로 과학과 문학은 반드시 필요한 것이다. 감정이 복잡하고 마음이 혼란스러운 학자에게 있어서 예술에 심취할 여유마저 박탈한다면 연구에 집중할 수가 없을 것이다.

미국의 명문인 캘리포니아 공대와 매사추세츠 공대에서는 역사와 문학 부문을 더욱 확대해 나가고 있다.

미립자와 같은 미지의 세계에는 잠재력의 비밀이 있어서 감각의 비밀과 같은 균형의 비밀이 각 개인을 위하여 포함되어 있다. 문학에 심취한 과학자, 과학을 탐구하는 문학가가 되어야 한다. 학문을 위하여 해야 할 일이 이렇게 많이 있다.

인생의 참모습

우리는 인생의 올바른 형태에 대하여 많은 조언을 듣는다. 이러한 것을 받아들일 때는 타고난 지혜와 이것을 넘어 그 앞에 있는 것과 식별할 수 있어야 한다.

공부를 해야 하는 것은 물론이고 사회적 정의까지도 획득하여야 한다.

사회를 통치하기 위해서는 단호한 정치적 결의가 필요하다. 그렇지 않은 경우 자칫 무정부 상태에 놓이게 된다. 그렇지만 인생의 본질적 의미는 다른 것에 있다.

별이 빛나는 여름밤의 하늘 아래서 자신의 손을 마주잡아 보라. 물건은 모두 원래 있던 곳에 놓고 보는 것이다.

스스로를 위대하다고 믿는 사람이나 성인들의 유품이나 훈장을 몸에 단 높은 신분의 신사들이 하는 일을 생각해 보라. 광택을 내며 늘어져 있는 낡아빠진 것을 몸에 붙이고 경직되어 보이는 제복을 입고 있어도 그의 육체는 다른 평범한 사람들과 틀리지 않다.

그렇다고 해서 그들이 모두 훌륭한 정신을 가지고 있지 않다는 것은 아니다. 그들의 연령과 공적은 존경할 만하지만 특별한 초인적 존재로 여길 필요는 없다. 대부분의 노인은 행복하지 않으며 만족할 줄 모르고 잃어버린 청춘 시절을 후회하고 있다.

그들이 어느 정도 유능했는가는 알 수 없지만 많은 사

람이 그들의 과장된 말에 현혹되어 조직력과 추상적 사변에 빠져서 본래의 인생은 망각하게 된다.

이것은 매우 중요한 일이다. 그들은 자신을 혼란스럽게 하는 그런 비현실적 세계에서 빈곤한 일상을 꾸려나가게 되었다면 모든 어려움을 무릅쓰고 개혁을 위해 단결했을 것이다. 그런데 그들은 욕망과 악의 노예가 되어 부질없는 싸움을 일으키고 있다.

그것은 시시하고 가치 없는 전쟁이었다. 만일 그들이 질척거리는 논바닥에서 허우적거리고, 고인 물에 숨이 막혀 빈사 상태에 놓인 젊은이들의 일을 진정으로 우려한다면 무익한 전쟁을 피하도록 모든 조치를 다 했을 것이다.

그러나 약해진 그들의 눈에는 아무것도 보이지 않았다. 혼미해진 그들의 귀에는 아무것도 들리지 않았다. 거기서 아무 보람 없이 많은 피를 흘리게 되었던 것이다.

참된 삶은 바로 자기 곁에 있다. 그것은 꽃밭의 꽃 속에, 애정의 눈으로 엄마를 바라보는 아이들 속에, 서로 끌어안고 있는 연인들 속에, 가족 전체가 사랑으로 가득 찬 보잘것 없는 오두막 안에 있다.

이러한 토대 위에 있는 운명만큼 중요한 것은 없다. 이러한 운명이 모여서 인류를 만드는 것이다.

인간은 본래 약한 성질을 타고 났기 때문에 쉽게 기만당한다. 확실하지도 않은 한 두 마디의 말로써 서로 죽이고 미워하는 것이다.

우리는 자신의 힘이 미치는 한 참된 삶의 위안과 소박한 애정으로 많은 사람들을 자각시켜야 한다. 삶은 자신이 책임지고 선택하여야 하며 자신이 납득하지 못하는 일을 희비극으로 맡지 않도록 조심해야 한다. 보잘것 없는 인생을 쌓는 데도 인생은 너무나 짧다.

2

청년에게 보내는 편지

구세대와 신세대
세계와 사고에 대하여
육체로 생각하자
때를 놓치지 말라
말로 생각하자
청년에게 보내는 편지

구세대와 신세대

기성세대들은 대부분이 자신의 젊은 시절과 현재의 젊은이들을 비교하여 화내곤 한다. 그들은 청춘 시절을 회상하고 미화하는 데 대체로 다음과 같은 것들이다.

현대에서 일어나는 온갖 전쟁과 테러에 비교해 보면 보불전쟁 따위는 어린 아이들의 놀이와 같을 뿐더러 대량 파괴나 학살도 없었다.

가끔씩 미래의 전쟁에 대하여 공상하기는 했지만 지금 세계 곳곳에서 일어나는 사태들은 결코 상상하지 못했을 것이다.

어쩌다 전쟁이 발발하게 되더라도 일반 시민들은 거의 완전한 평화 상태에서 생업을 유지할 수가 있었다. 또한 통화도 안정되어 있어서 1달러는 5프랑이고 1파운드는 25프랑으로 환산율도 결정되어 있었다.

한 집안의 가장은 가족을 위하여 빈틈없는 설계를 하고 처녀들은 거의가 결혼할 때까지 순결을 지켰으며 자손들은 조상 대대로 전하는 가업을 이어가는 것을 자랑스럽게 생각하였다. 그렇기 때문에 각각의 가정은 그 전통을 계승해 나갈 수가 있었다.

그리고 세금과 토지 제도는 합법적이었다. 물론 신에 대한 경외심과 의지도 흔들림 없이 확고한 것이었다. 그러나 요즘은 그러한 일들이 마치 꾸며낸 이야기처럼 여기게 되어 버렸다.

돌이켜 보면 나도 1910년대 초기에는 매우 행복했다. 기운이 팔팔한 젊은이였고 미래의 희망이 있었다. 물론 그때의 목가적 낭만 자체가 현실의 모습이 아니라는 것쯤은 잘 알고 있었다.

일부분의 사람들은 그들의 장래가 안정되리라는 확신을 갖고 있었지만, 대다수의 사람들은 질병이나 노후에 대하여 그 어떤 대책도 약속받지 못한 형편이었다.

또한 그들은 생활의 안락함이나 여가도 없이 하루하루를 노동으로 치열하게 살 뿐이며 계속된 전쟁의 위협은 현실로 나타나게 되었다.

직접세의 부담이 줄어든 것은 사실이지만 정부는 국가가 부담해야 할 비용에 책임을 지지 않았다. 가난하고 병들고 늙은 사람들은 현대보다 더 심한 고통을 당했다. 결국 인간은 언제까지나 인간적 이성과 동물적 잔인함이 공존하는 상태가 될 것이다.

인간의 사회 법칙에 비해 자연의 법칙은 하나도 변하지 않았다. 작년에 내린 눈과 올해 내린 눈은 같은 흰색이다. 눈송이도 작년처럼 가볍고도 조용하게 내리고 있다.

대부분의 사람들은 나이를 먹을수록 과거의 추억에 젖게 되는데, 그들은 모두 입버릇처럼 "흘러간 좋은 시절에는…."이라고 말한다.

과거의 좋은 시대에는 사랑이 넘쳐 흘렀으며 젊은이들도 검은색이나 금색의 잠바 따위를 입는 일이 없었다고 말한다.

그러나 이러한 말들이 모두 옳다고는 볼 수 없다. 그들의 생각처럼 모든 일들이 좋았던 것은 아니다. 그때의 여성들이 지금보다 더 정결했다고 장담할 수 없으며, 미혼 여성도 지금이 훨씬 더 자유분방하다.

그 당시의 사람들 역시 고뇌에 싸여 있었다.

16세기의 종교 전쟁은 20세기의 사상 투쟁만큼이나 치열하였다.

도로테는 말하기를, "있는 그대로를 받아들이고, 오는 것을 받아들여라.… 우리는 항공시대에 살고 있으며 마차를 보며 과거의 추억에 빠지지 않는다.… 작년에 내렸던 눈은 없어졌지만 눈과 그 흰색은 지금도 존재한다"라고 하였다.

생각하건대, 나는 이 괴상한 시대를 큰 실수 없이 살아온 것을 다행으로 여긴다. 인간은 반세기 동안에 우리보다 앞선 인류가 2천년 동안 이룩한 것보다 더 많은 일들을 하였다.

많은 자연의 비밀을 발견하였고 매우 풍부한 에너지의 원천을 확보했으며, 우주 탐험까지도 계획하게 되었다.

항성 사이의 진공권을 무중력 상태에서 유영했고, 음속의 3배 속도로 시에서 시로 지상을 날게 되었으며, 인간의 두뇌보다 우수한 계산 능력과 조직력을 가진 컴퓨터를 발명하여 이용하는 일 등이 실현된 것이다.

젊은이들은 이러한 발전을 더욱 빠르게 진척시킬 것이다. 생물학을 연구하여 물리학의 적확성까지 발전시키고 유전의 구조를 해명해야 하며, 경제학을 정밀 과학에까지 끌어올리는 일 등이 그것이다.

우리는 무언가를 발견해 나갈수록 우리가 모르는 것을 알게 된다.

발레리는 "단순히 발견해 나갈 것이 아니라, 무엇을 발견해 나갈 것인지 연구해야 한다. 우리는 최근의 발명에 대해서도 소화하지 못하고 있다" 라고 말했다.

또한 로스탕은 "우리는 실력자가 되기 위한 기술을 배워야 한다" 라고 하였다.

실력이 있다는 것과 전능하다는 것은 다르다. 지구에서 달이나 화성, 금성을 날고, 혜성에서 은하계를 날아다닐 수 있다면 인간의 놀라운 재능에 높고 위대한 이상과 용기를 갖게 될 것이다.

그러나 이러한 것들도 우주의 시각으로 보면 하잘것 없는 일들이다. 한 전자인이 자기의 전자계에서 다른 전자계로 옮기는 방법을 발견했다면 전자인들은 모두 기적이라고 할 것이다. 그것은 아주 작은 단계에서 성립되었고 아무런 우주적 중요성도 갖고 있지 않다.

우리가 진공 상태에서 네 발짝을 옮겼다고 하자. 무한의 눈으로 보면 그 정도는 아무런 문제도 되지 않는다.

유전에는 일련의 반송 분자라는 것이 있는데, 이 분자는 그 자체가 하나의 세계안에서의 움직임을 알지 못한다.

파스칼이 〈팡세〉에서 말한 두 개의 무한은 우리의 손에 닿지 않을 것이다. 인간은 신이 아니다. 다만 인간이 처할 수 있는 한도 내에서 기반을 다지고, 그것을 유지해 나갈 뿐이다.

인간은 문명과 인류를 파괴할 물질적 수단은 갖고 있지만 이것에 대항할 정신적 수단은 가지고 있지 않다.

많은 나라들이 대륙간 로케트를 개발하여 평화를 위협하고 있는데, 이러한 상황이 계속된다면 인류는 전멸의 위기에 놓일 것이다.

그러므로 젊은 세대에게 부과할 의무의 하나는, 이같이 어리석은 유희를 끝내 버리는 것이라 하겠다.

호메로스의 영웅들을 보라. 그들은 서로가 큰소리로 말할 수 있었고 자신의 명예를 위하여 일대 일로 싸워서 해결했다. 18세기의 군주들이 무력으로써 영토 분쟁을 할 때에도 전투에 참가시킨 것은 직업 군인뿐이었다.

이에 비해 현대의 지도자들은 인류가 죽음을 당해야 할 아무런 이유가 없는데도 핵전쟁을 일으키려는 기회만 엿보고 있는 것이다. 물론 언론을 통한 전쟁도 관계가 없는 것은 아니다.

남을 업신여기고 우월감에 빠져서 하는 말은 사람 사이의 관계를 이간시킨다. 정치적이나 상업상의 계약을 체결할 때 양쪽이 모두 유리한 결실을 맺으려면 감정 문제는 양보하지 않더라도 이해 관계는 서로 양보해야 한다.

전쟁중인 양진영의 지휘관들이 말로써 싸움을 끝내는 일은 불가능하다. 그들은 적의 이미지를 희미하게 보임으로써 자신의 위치를 정당하게 만들고 군중들을 열광시켜 그것으로 생명을 이어가고 있다.

현대의 현실적인 지도자들 중 몇몇은 그러한 욕망을 포기했지만 아직도 대다수의 미치광이들이 남아 있다.

그러므로 젊은 세대의 또 한 가지 의무는 간교한 말에 대해 승리하는 것이다.

젊은이들은 또한 예술 분야에서도 말과 싸우지 않으면 안 된다. 고대파와 현대파, 고전파와 낭만파 사이의 논쟁은 계속되고 있다.

그렇지만 보편적인 협상이 있어 대작가들의 위치는 공고하게 유지되고 있다. 위고는 호메로스, 라블레, 몽테뉴, 코르네이유를 존경했던 것이다.

오늘날 대다수의 사람들은, '낡은 형식은 효력을 상실하고 있다. 그림·건축·소설의 모든 분야에서 낡은 것은 매장당하고 있다. 역사를 논하는 것은 범죄적 행위다'라고 단언한다.

작가들이 부도덕과 무기력, 조잡한 예술 등을 한꺼번에 일소해야 한다고 주장하는 것은 용감하다기보다는 위험한 짓이다. 현실을 평범하게 순응해 나가는 것이 가장 적절하다.

한 젊은이의 말대로 위험은 문학적 숙련 대신 구두점의 기교가, 신비 신학 대신 부조리가, 행복이 아닌 안락이 젊은 세대에게 주어진 것이라 하겠다.

이보다 더욱 커다란 위험은 대중의 반응이 미약하다는 점이다. 17세기의 문학 애호가들은 각자마다의 개성이 뚜렷했다.

아마도 그들 중에는 베르사이유 궁전을 감상하고 고딕식 대상원의 아름다움과 소입상의 고풍스런 아름다움을 이해 못하는 사람도 있었을 것이다.

몰리에르는 "그들 가운데는 어리석은 행위를 찬미하는 바디우스나 도리소탕과 같은 사람도 있는 법이다"라고 경고하였다.

그들에게는 의미없이 쓰여진 텍스트나 화가가 제멋대로 그린 캔버스를 보이면서 상상력을 자극하려 해도 아무런 소용이 없다.

영국의 한 무명 피아니스트는 건반 앞에 앉아 연주하는 시늉만 할 뿐 실제로는 아무런 음도 표현하지 않았다. 그런데도 청중들은 태연히 앉아 있다가 열렬한 박수 갈채를 보낸다.

그들은 혹시 자기가 교양수준에서 뒤떨어지지 않을까 하는 두려움으로 항의도 못한 것이다.

젊은이들은 바로 이러한 속물 근성을 정화시켜 나가야 한다.

그렇다고 예술의 새로운 흐름을 거부하라는 것은 아니다. 충격은 새로운 시각을 갖게 하고, 예술 작품의 요소가 된다. 한 시대에서 인정받지 못한 것도 다음 시대에서는 각광받는 경우가 많다.

옛날에는 조소와 헐뜯음을 당했던 인상파도 지금은 미술관의 명예로 되어 있다. 줄 르메레르에게 시인은 어울리지 않는다고 했다.

과거에는 사회에서 매장되었던 것이 미래에는 가치를 인정받게 되는 경우도 있다.

아라공은 초현실주의에서 탄생되었다. 미셸 뷔토르·나탈리 사토르·로브그리예·시몽·모리악은 사상을 초월한 재능이 많은 작가다.

젊은이들은 과거의 대가들을 멸시해서는 안 된다. 그들이 사후까지도 명맥을 유지하는 것은 나름대로의 가치가 있기 때문이다.

새로운 흐름은 그것이 아름답다고 판단되지 않는 한, 결코 추종해서는 안 된다.

여론은 안내가 아니라 진동이다. 많은 세대가 칭찬한 많

은 사람들에 대해 호의적 편견을 가지고 자신이 추구하는
바를 향해 노력해야 한다.

세계와 사고에 대하여

서재에 앉아 문득 창 밖을 내다본다. 그 순간에 나의 사고는 창 밖의 경치 속으로 빠져들어간다.

발코니 건너편에 있는 브로뉴의 울창한 푸른 숲이 파리의 아침에 어울리는 청색의 엷은 안개에 싸여 있다. 그 앞에는 구릉의 비스듬한 경사가 지평선을 이루고 몽 바레리앙은 반 정도가 검푸른 수목으로 덮여 있다.

그 정상에 있는 병원 건물은 검은 측백나무로 둘러싸인 플로렌스의 수도원을 방불케 하여 나의 기억을 되살아나게 한다.

희끄름한 하늘에는 엷은 구름이 떠 있고 제비떼가 수없이 그곳을 지나간다.

한참 먼 메르사이유 쪽의 상공에는 몇 대의 비행기가 선회하고 있다. 그것을 보고 있노라면 전쟁과 공습을 알리는 사이렌 소리가 생각난다. 그 순간 무성한 초록과 새 울음 소리는 사라지고 문명의 소멸과 로마의 멸망이 떠오른다.

그리고 3세기 경에는 부유하고 아름다운 고장이었으나 백년이 지난 지금은 폐허로 둔갑해 버린 알제리 해안의 한 도시를 생각한다.

현재 각 나라의 수도는 미래에 어떠한 폐허로 변할 것인가… 등도 생각한다.

이렇듯 현재 눈앞에 보이는 세계뿐만이 아닌, 멀리 떨어진 나라들, 과거의 사건, 미래의 가정까지 모두가 나의 몽상의 소재가 된다.

머리는 하나의 내부 세계이고, 거기에 외부의 광대한 세계가 시공을 초월하여 투영되는 것이다.

철학가들은 우주의 이 조그만 모형을 소우주(小宇宙)라 부르고, 우리가 살고 있으며 이해하고 변혁할 수 있는 거대한 세계를 대우주(大宇宙)라고 불렀다.

중세의 한 연금술사는 "정신도 천사처럼 대우주에 포괄되어 있는 모든 것을 자기 것으로 만들고자 한다"라고 말했다.

물론 정신은 모든 것을 자기 것으로 만들려고 하지만 머리 속에 투영된 세계는 끊임없이 변화한다. 그것은 모든 존재하는 것들을 움직이기 때문이다. 물론 그 중에는 시공을 구성하는 것과 같은 명확한 영상도 있다.

그러나 회상·예견·추론 등은 모두가 내부 세계의 움직임에 따라 변하고, 한편에서는 사물 자체가 순간마다 새로운 형태를 갖는다. 그러므로 그 변화에 따라 매순간 자신이 나아갈 방향을 결정해야 한다.

생각을 명확하게 하려면 긴 시간을 필요로 하며, 알아야 하는 것에 한계가 없다. 그러나 너무 길게 사고하는 것보다는 행동을 지체하지 말아야 한다.

사고라는 것은 인간이 여러 가지 형태의 경험을 통해서 자신의 행동이 사물에 미치는 영향을 예측하려는 노력을 말한다.

사고는 모든 행동의 밑그림이 된다. 그 밑그림에 생활이라는 그림을 그리고 그 생활이 계속되는 동안 사고는 끈임없이 변화한다.

　파스칼은 올바른 행동을 위해서는 올바른 사고를 해야
한다고 말했다. 그것은 머리 속의 작은 이상이 현실의 거
대함을 정확히 반영하는 일이다.

　소우주의 법칙이 대우주의 법칙과 일치된다면, 자신의
소망과 이상이 실현될 수 있을 것이다.

　인간이 바르게 사고하고 그에 맞게 행동하려면 어떻게
해야 하는지를 해결해 나가는 것이 바로 우리의 과제다.

육체로 생각하자

사물의 세계에 가장 합당한 사고는 본능이나 습관으로 육체에 새겨진 사고라 생각한다.

여러 가지 물건이 놓여 있는 테이블 위에 고양이 한 마리가 뛰어 올라온다. 그리고 아주 쉽고 우아한 모습으로 앉는다.

이렇게 노련한 동작이 이루어지기 위해서는 얼마 만큼의 힘을 쓸 것인가 하는 계산과 어디에 앉을까 하는 정밀한 선택이 있었을 것이다.

고양이는 이러한 선택을 그 근육이나 눈으로 사고한 것이다. 눈앞에 놓인 사물의 영상을 통해 어떻게 움직일 것인가를 상상하고 그 상상에 의해 팔·다리·머리 등을 움직였던 것이다.

테니스나 축구·펜싱·곡예 등을 할 때에도 육체로써 사고한다. 펜싱을 할 때는 단지 칼로써, 혹은 다섯 개의 손가락으로 생각할 뿐이다.

나는 젊은 시절 기계 체조를 한 적이 있었다.

철봉 연기를 하기 위해서는 먼저 그것을 완벽하게 상상해야 한다. 자신의 몸이 요동하는 모습을 상상하고 그 요동의 폭을 정확히 측정한다.

그러므로 연기를 생각하는 동안에 팔의 이두근을 수축시키고 두 다리를 차 올릴 시간을 계산하는 것이다. 그러나 운동 영상 한 토막이 빠졌거나 조금만 희미해도 리듬이 깨져서 연기는 불가능해지고 만다.

조각가의 경우도 이론만 가지고는 안 된다. 모델을 뚫어지게 쳐다보는 눈과 조상(彫像)을 만지는 손가락 사이의 직접적인 전달을 통해서만 훌륭한 작품이 가능하다. 무리를 이루어 생활하는 동물은 자신이 속한 집단으로써 사고한다.

양떼나 말떼가 공포를 느낄 때, 한 마리 한 마리가 전체 집단을 따라가는 것은 본능적인 종족의 체험이 집단을 따라야만 적의 습격을 이겨낼 수 있다는 것을 가르치기 때문이다.

마찬가지로 원시적 인간이나 어린 아이들, 군중들도 본능적인 신체의 사고가 매우 예민한 것이다.

나는 과거에 대서양을 횡단하는 배에서 4~5세 정도의 어린 아이가 홀로 여행하는 것을 보았다. 그 아이는 자기를 귀여워하고 귀찮아하는 것을 정확히 알고 있었는데 아마도 어른에게는 보이지 않는 표시가 있어서 그 아이의 행동을 인도했던 것 같다.

또한 연인들의 화해 장면을 보게 되면 대화보다는 눈이 마주치고 몸이 다가서게 된다. 여기에는 긴 토론을 통한 화평보다도 훨씬 정확한 마음의 일치가 있다.

때를 놓치지 말라

인간이 먹고 사랑하고 일하며 사는 까닭을 괴테는 이렇게 말했다.

"그것은 기초가 튼튼한 생존의 피라밋을 가능한 한 높이 세우려는 욕구 때문이다."

이 말은 인생을 살아 나가는 데 있어서 훌륭한 귀감이 될 것이다.

인생의 기초는 이미 완벽하게 굳어져 있다고 하겠다.

내 경우를 보면, 사업가인 아버지의 뒤를 이으려 했는데 교양을 가진 어머니가 은연중 문학에 흥미를 갖도록 해주었던 것이다. 그리고 이 토대 위에서 나대로의 피라밋을 쌓아 올렸던 것이다.

나는 젊은 시절 그 피라밋의 미래에 대해 전혀 몰랐고 인생의 계획을 세워 본 적이 없었다.

이런 책을 쓰고 이 대학에서 공부하자 혹은 이런 진리로 사람들을 설득해 보자하는 정도의 단기적 계획뿐이었고 이것마저도 제대로 실천하지 못하였다.

뜻하지 않았던 일이 내 작품의 소재가 되기도 하고 어떤 작품은 예상보다 좋은 결과를 가져 왔고 미움과 우정으로 마음이 흔들린 일도 있었다.

피라밋은 불완전하지만 위로 올라갔고 능선이 비틀거리고 기울기가 일정하지 않았지만 정상에 가까워졌다. 그럭저럭 기념비가 완성되면 건축가는 사라지게 된다는 말이 있다.

젊은이들은 자기에게 주어진 기초 위에 최초의 주춧돌을 고정시키려 할 것이다. 그리고 피라밋을 만들어 갈 것이다. 그런데 여기에는 몇 가지 주의할 점이 있다.

첫째는 불필요한 일에 시간을 소비하지 말라는 것이다.

나는 짓궂은 장난이나 가치 없는 강연, 여행 등에 많은 시간을 보냈고 우유부단했다. 어떤 일을 직접 하고자 한다면 혼신을 다하여 아주 짧은 시간이라도 아껴서 열중해야 한다.

'예술은 길고 인생은 짧다' 라는 말을 늘 기억하는 것이 좋다.

프루스트가 산만한 정신을 가졌다면《잃어버린 시간을 찾아서》는 완성되지 않았을 것이다.

둘째는 노력을 집중할 만한 목표를 세우라는 것이다. 파스퇴르·플레밍·아인슈타인 등도 그들의 주의력이 한 곳으로 모였기 때문에 미지의 법칙을 발견할 수 있었던 것이다. 신중히 생각하여 목표가 결정되면 솟구치는 정열로 실천을 향해 돌진해야 한다.

때때로 정해진 목표가 자신에게는 어울리지 않는다는 평판을 듣는 경우가 있다. 그러나 그런 것은 조금도 신경 쓸 필요가 없다.

파브르나 프레밍의 친구들은 그들이 자신의 생애를 곤충이나 박테리아에 거는 것을 보고 괴상한 취미라고 비웃었을 것이다.

발레리의 친구들도 그가 청년 시절에 난해한 시를 몇 년에 걸쳐 퇴고한 심정을 이해할 수 없었을 것이다.

그러므로 자신이 목표로 하는 것을 향해 노력할 때, 주위의 눈총을 크게 의식할 필요는 없다.

'사자는 토끼를 공격하는 데 전력을 다 한다'라는 말처럼 집중된 주의력 · 엄밀성 · 신중함과 대담함의 적절한 조화가 필요하다.

셋째는 결과보다는 과정의 순수한 노력이 더 중요하다는 것이다.

소아마비인데도 불굴의 의지로 일하는 젊은 책방 주인을 보았는데, 그는 서적의 선택이나 손님과의 상담에 있어서 또한 저자와 독자의 관심에 있어서도 매우 훌륭한 식견이 있었다. 그의 피라밋은 화려하지 않지만 창공을 향하여 약동하고 있었다.

일의 목적은 '성공한다'는 것이 아니고 순수한 의미에서 '빛을 내야 한다'는 것이다. 목적은 일단 선택한 직업을 온 힘을 다하여 완수하는 일이다.

내 소유의 시골 과수원 관리인은 부귀를 동경하지 않는다. 그는 질 좋은 사과를 많이 생산하기 위하여 이론적 연구와 실제적 경험을 충분히 쌓았다.

하루종일 일하고 밤에는 전문 잡지를 읽고 성공한 다른 사람의 일을 배우고 고용인과 친밀한 관계를 유지하고 있다. 또한 그는 벌에 의한 꽃가루의 수분과 천기 예보에 대해서도 자세히 알고 있다.

그야말로 최고의 과수원 관리자라 하겠다. 그러므로 완벽하고 철저하게 최소의 목표를 찾는다면, 자기 전문 분야에서 위대한 인물이 될 것이다.

세상에는 완전한 것이 없는 법이다. 나는 지식인 몇 사람을 알고 있는데, 그들은 세상에 묻혀 성실히 일할 뿐이었다. 그것이 오랜 시간과 고생 끝에 인정을 받아서 존경을 받고 보조도 받게 되었다.

세 명의 젊은 처녀가 있다. 그녀들은 어려운 처지에서 돈도 없이 쓰렌느의 농가에서 양털 직물을 짜려고 하였다. 그녀들은 생활의 어려움에도 불구하고 자신의 천직을 성실히 수행했다. 그리고 드디어 실력을 인정받아 표창과 영광을 함께 얻었다.

그러나 반드시 결말이 좋은 것은 아니다. 베르나르 파리시는 자기 고집대로 미의 새로운 양식을 발견하였으나 종교 박해로 종신형을 받아 결국은 고민 끝에 죽고 만다.

이 경우에는 정신적으로는 성공했지만 물질적으로는 역행한 셈이다. 일이나 재능에는 우연이 존재하기 때문에 항상 성공을 보증할 수는 없다.

다만 어떠한 환경에 처해도 품위와 용기를 갖고, 중요한 일에서 조금도 헛되이 하지 않는다면 실패하는 일은 결코 없을 것이다.

다시 말하지만 목적은 '성공한다'거나 '쓸데없는 것을 정복하는 것'이 아니고, 내면 세계에 희망을 주는 권리와 자신의 성과를 자랑스럽게 여기고, 적어도 얼굴을 붉히지 않고 마칠 수 있는 정도의 존재 이유를 거기서 찾는 것이다.

인생의 만년이 영광으로 빛난다는 것은 기분 좋은 일이다. 그러나 만년이 그렇지 못하다고 해서 걱정할 필요는 없다.

'나는 늘 성실하고 올바르게 가장 현명하다고 믿는 의식으로 행동한다" 라는 사고 방식으로 임하면 날마다 조그만 영광을 만들 수 있을 것이다.

몽테를랑은 "인생을 통하여 하고 싶을 때 원하던 일을 하고, 마음에 내키지 않는 일은 내일로 미룬다는 두 가지 규칙을 지키며 살았다" 라고 말했다.

이처럼 몽테를랑이 하고 싶은 것을 늘 할 수 있었던 것은 좋은 작품을 써야겠다는 의욕이 있었기 때문이다.

예술가에게는 내키지 않는 일은 내일로 미룰 권리가 있다.

그러나 정치·군대·경제 분야에서의 규칙은 다르다. '시간은 쉬지 않고, 세계는 기다려 주지 않는다' 라는 말대로 지금 해야 할 일을 조금도 지체해서는 안 된다.

말로 생각하자

앞에서 말했듯이, 육체의 사고는 일련의 행동을 매우 정확하게 인도하지만 그 범위는 그리 넓지않다.

두더지는 팔다리로써 능숙하게 사고하지만 그 사고는 팔다리가 닿는 곳 이상은 미치지 못한다.

비행기 조종사는 착륙 순간을 반사적으로 명확하게 파악한 후 안전하게 착륙한다. 그러나 그가 비행기를 만들거나 고안한 것은 아니다.

한 나라의 경제를 맡은 정치가에게 육체적 사고는 통용되지 않는다. 인간·전답·가옥·노동 등 각각에 대한 구체적인 영상을 표상이나 기호로 바꾸고 사고의 속도를 빠르게 해야 한다.

이 표상이나 기호는 때때로 한 계급 전체를 나타내는 일이 있는데, 그것이 바로 말이다.

육체로 생각하는 사람들은 벽돌이나 고무공 또는 자신의 육체등 무게와 항력이 있는 것을 이동시킬 때 힘으로 한다.

이에 비해 말로 생각하는 사람은 소리와 기호를 이동시키는 것에 불과하다. 그러므로 그들의 행동은 매우 용이하다.

호텔에서 벨을 누르고 '차 가져와' 라는 말을 한다. 그리고 몇 분 후에는 홍차 컵, 받침 접시, 차 숟가락, 빵, 우유, 잼, 홍차 포트, 더운 물 등이 테이블에 놓여진다.

그러한 것들이 여기에 놓여지기까지 현실적으로 이루어 졌던 수많은 행위를 생각해 보라.

중국인이 홍차를 재배하면 영국 기선이 그것을 운반한다.

페리골 지방의 목동이 소떼를 목장으로 몰고 가면 젖짜는 인부들이 소젖을 짠다. 그 우유를 운반하는 기차의 기관사가 있고 빵을 굽는 직공이 있고 스페인이나 프로방스 지방의 처녀들이 마아말레이드를 만든다….

'차 가져와' 라는 한 마디에 이들은 일제히 일을 해준 것이다.

육체로 사고하는 사람들이 미칠 수 있는 범위는 한계가 있다. 그들은 손이 직접 닿는 곳에만 작용할 수 있다.

그러나 말로 사고하는 사람은 국민·군단·국가 등 무엇이든 간단하게 움직일 수 있다.

한 나라의 원수가 '총동원'이라는 말을 하게 되면, 순식간에 폭격기가 날고 도시가 파괴된다. 하나의 세계와 문명이 종말을 맞게 되는 것이다. 이와 같은 말의 위대함을 볼 때, 미개 민족이 말에는 마법이 있다고 믿는 일도 조금은 이해가 된다.

손으로 생각하는 사람은 무게가 있는 것들을 이동시킨다. 이것은 행동의 고통만큼 신중함을 갖게 한다. 내부 세계와 외부 세계의 일치를 끊임없이 지켜 나가지 않으면 안 되는 것이다.

그런데 말로 생각하는 사람은 행동이 용이하고 실수를 해도 처벌받을 때까지의 시간이 길기 때문에 자신의 책임이 얼마만큼 중대한지 모른다.

표상이라는 것을 마음대로 굴리는 동안에 그 하나하나가 연결되어 있다는 중요성을 잊고 만다.

라이프니쯔가 말한 것처럼 '말이라는 볏짚을 사실이라는 벼'로 오인하기 쉽다. 흔히 말을 한 것으로 모든 것이 완전히 이루어졌다고 생각하게 된다.

'민족 자결의 원칙은 이것을 존중하지 않으면 안 된다.'라고 한 나폴레옹 3세의 문구는 단지 한 마디의 말에 불과하다.

구체적인 의미가 담겨 있지 않기 때문에 진실이라고 생각한다면 그런대로 무방하다. 그런데 이 추상적인 문구가 근대 유럽을 파괴시켰던 것이다.

어느 경제학자는 서재 안에서 '월급을 인상하면 소비가 늘기 때문에 경제 위기를 극복할 수 있다'라고 썼다. 이 말 자체로는 논리에 맞으므로 그 학자는 자신감을 가지고 세상에 공표했다.

그러나 경제계는 더욱 혼란될 뿐이었다. 그것은 대우주가 소우주에 따라 가지 않았기 때문이다.

즉 말과 현실 사이에 차이가 있었으며 문장의 단순함이 사물이 가지는 복잡성을 바르게 표현하지 못했던 것이다.

청년에게 보내는 편지

여기 나를 사랑해 주는 사람들에게 보내는 웃는 얼굴이 있다. 나를 미워하는 사람들에게 주는 탄식이 있다.

그리고 머리 위로 보이는 하늘의 빛이 어떻든 여기 모든 운명을 향하여 열린 마음이 있다.

— 바이런 —

자네들은 난처한 시대에 인생의 시작을 맞이하고 있다. 역사 중에는 아무리 나약한 수영수(水泳手)라도 성공에까지 밀어 올려 주는 만조의 시대도 있었다.

그러나 지금 자네들의 세대는 황량한 바다를 파도에 거슬러가며 헤엄치는 것과 같은 상황이다.

그것은 괴로운 일이다. 처음에는 숨이 가쁠지도 모른다. 그리고 도저히 저쪽 언덕에는 도달할 수 없다고 생각할지도 모른다.

그러나 안심해도 좋다. 자네들보다 앞서 살았던 세대에도 마찬가지로 높은 파도를 만난 사람들이 있었으나 파도에 휩쓸리지는 않았다. 팔을 휘두르고 용기를 내면 이윽고 바다가 조용해질 때까지 참고 견디어낼 수가 있다.

자네들이 이겼을 때에는, 인간이 올리는 승리는 어디까지나 부분적이며 일시적인 것밖에 안 된다는 것을 반드시 기억하고 있어야 한다.

이 세상의 일들 중 무엇 한 가지도 이것만으로는 완전히 결정되지 않는다.

어떠한 승리도 먼 미래까지 결정할 수는 없는 것이다. 마찬가지로, 어떠한 조약도 국가간의 관계나 국경을 영구히 정하지는 못한다.

또한 그 어떤 혁명도 영원히 행복한 사회를 건설할 수는 없다. 한 사람의 인간이나 하나의 세대가 자신의 임무를 다한 후에는 나태한 행복감 속에서 단꿈을 꿀 권리가 있다는 식의 생각은 갖지 말기를 바란다.

인생의 행정은 밤의 장막이 내리는 때가 아니면 끝나지 않는 것이다.

성급하게 굴지 말아야 한다.

일순간에 얻은 재산이나 명예는 역시 일순간에 상실되고 마는 것이다. 자네들을 위해 장해물이나 투쟁이 있는 편이 좋다고 생각한다. 투쟁하는 일로 인하여 자네들은 굳세질 수 있을 것이다.

50세나 60세가 되었을 때는 모진 폭풍우의 시련을 받은 저 오래 된 바위와 같이 억세고 튼튼한 모습이 되어 있으리라.

적과 투쟁함으로써 자네들의 인물이 조각되는 것이다. 자네들은 인격자라고 불리게 되겠지. 또한 용기도 생기고 세상의 소문 따위는 웃어 넘기게 되겠지. 젊었을 때는 무슨 일이나 두렵게 생각되는 법이다.

맨 처음에 만난 장해에 의해서 마치 자존심까지 크게 상처받은 것처럼 느껴진다.

인간의 심술궂은 행동에도 몸이 움츠러들 듯 느껴진다.

그러한 세상의 잔인함에 대처하려면 마음 속에서 하나의 피난처를 장만해 두는 것이 좋다.

인간이라면 누구나 자신의 가슴 속 제일 깊은 곳에 아무리 무거운 포탄이라도, 혹은 아무리 교묘하게 독을 담은 말이라도 튕겨 버릴 만한 엄폐호를 만들 수가 있는 것이다.

스스로 반성했을 때, 부끄러움이 없는 인간에게 두려운 것이 무엇이겠는가. 그 어떤 박해나 중상도, 사람이 자기 자신의 마음 깊은 곳에 간직하고 있는 것을 조금도 훼손시킬 수는 없다.

연애는 진지하게 생각해야 할 것이지만 지나칠 정도로 몰두해서는 안 된다. 사춘기 때는 여성의 교태스러운 행동이나 경박함, 거짓말이나 잔인한 행위에 대해서 크게 놀랄 것이다.

그러나 여성에게는 분명히 그러한 면도 있긴 하지만, 그것은 어디까지나 표면적일 뿐이라고 자신을 타이르는 것이 좋다.

여성을 볼 때에는, 여자란 바다와 같은 것이라고 생각하라. 바다의 표면은 정말로 변하기 쉽다. 하지만 바다와 마음을 결부시켜서 바다를 잘 알 수 있는 사람은 거기서 확실한 벗을 발견하게 된다.

너무나도 친밀한 것처럼 가까이 다가오는 여자들의 밀어닥치는 행렬 뒤에서 조심스럽고 얌전한 영혼을 가진 여성이 상냥한 마음과 신뢰를 표현하는 말을 하지 못하고 부끄러워하는 모습을 발견할 것이다.

이 사람이라면 하고 생각하는 여성이 있으면 그녀에게

진심에서 우러나오는 충성을 맹세해 보라.

돈 환을 부럽게 생각해서는 안 된다. 나는 돈 환을 잘 알고 있다. 그는 아마 인간 중에서도 가장 불행하고 가장 불안하고, 그리고 가장 약한 인간이다.

충실하고 견실한 인간이 되라.

어떤 일이 잘 풀려 나가지 않을 때에는 모든 것을 다 내던지고 싶은 마음이 생기고 다른 여성과 다른 친구와 함께 낯선 고장에서 다시 한 번 인생을 시작했으면 좋겠다고 생각하게 되는 것을 이해할 수 있다.

그러나 그와같은 표면적인 용이함에 무너져서는 안 된다. 극단적인 경우에는 참기 어려운 불행으로부터 도피하기 위하여 아무래도 인생의 재출발이 필요한 때가 있을 것이다.

그러나 보통 사람들에게는 함께 성장하고 함께 투쟁해 온 사람들에게 둘러싸여서 나이를 먹고 죽어가는 일이야말로 가장 행복한 인생이다.

마지막으로 겸손하고 또 대담해 주기를 바란다.

사랑하는 일, 사고하는 일, 일하는 것, 지휘하는 것, 그러한 것들은 모두 다 어려운 일이기 때문에, 그 중 어느 한 가지도 사춘기에 꿈꾸던 것처럼 아주 훌륭하게 이룩하지도 못한 채 이 세상을 떠나는 일도 있으리라.

그러나 그러한 일들이 어렵게 여겨진다 하더라도 불가능하지 않은 것은 분명한 사실이다. 과거에 이미 수없이 많은 사람들이 그러한 일들을 성취하면서 인생이라고 하는 두 개의 어두움에 끼어 있는 이 좁다란 빛의 지대를 어떻게 해서라도 가로질러 건너온 것이다.

무엇을 두려워하랴. 짧은 동안의 역할이고 또 관객이라
고 하더라도 자네들과 같이 얼마 후에는 죽어야 할 사람
들이 아닌가.

3

사랑의 기교

사랑에 대하여
결혼에 대하여
상대방의 선택을 위하여
사랑의 탄생을 위하여
求愛에 관한 메시지
싫증나지 않도록 하려면
욕망을 정화하기 위하여

베이컨은 말했다.

"예술이란 자연에 인간의 손길이 첨가된 것이다."

자연은 회화나 조각이나 시(詩) 또는 노래나 비극의 살아있는 소재를 제공한다. 인간은 이러한 것을 가공하고 정신이 요구하는 형태로 줄세워 놓는다.

이 정의(正義)를 긍정하는 사람이라면 사랑하는 기술이 존재한다는 것은 명확한 사실이라고 생각할 것이다. 왜냐하면 다른 모든 경우에서와 같이 사랑에 있어서도 자연은 살아있는 소재(素材)밖에 제공하지 않는다.

생물의 모든 종류가 제각기 두 개의 성(性)으로 나뉘어져 있다는 것, 종자를 재생산하려는 욕구, 이 욕구를 채우기 위한 강렬한 본능 등이 그것이다.

만일 인간의 정신이 수세기에 걸쳐서 이러한 소재에 형태를 만들거나 개조해 놓지 않았다면, 우리들의 연애(戀愛)는 개나 고양이와 다를 바 없었으리라.

들이나 하늘, 강물 속에서 새나 짐승들이 연애하는 모습을 자세히 살펴보라. 그리고 나서 〈클레이브의 마님〉이나 〈사랑의 정념에 관한 서설(敍說)〉이란 책을 읽어 보라.

연애에 있어서, 기교와 연애의 차이가 얼마나 큰 지를 알
수 있을 것이다.

인간의 연애에 있어서 불가사의한 점은, 욕망이라는 단
순한 본능 위에 더없이 복잡하고 미묘한 감정이라는 구조
물을 축조해 놓은 일이다.

사랑이란 마법은 언젠가는 죽어 가야 할 두 인간이 연
약한 육체를 가지고 이기적이며 소심하고 변덕스럽고 부
끄럼타는 주제에, 그러나 가장 진실되고 친밀한 성교(性
交)에 의해서 한 몸이 되게 한다.

이 두 사람의 눈에는 우주의 냉혹함도, 적의도, 미래의
불안도 계급 사이 또는 국가간의 증오도 허무한 꿈과 같
이 연기처럼 없어진다. 욕망이라는 강한 힘이 이기심(利己
心)의 울타리를 뛰어넘게 하고, 다른 사람의 존재를 있는
그대로의 모습으로 인정하게 한다.

그러나 욕망은 순간적인 것이다. 인간은 어떻게 해서 변
덕스러운 본능 속에서 변함 없는 순수한 감정을 이끌어낼
수 있을까? 이 '욕망의 정화(淨化)'야말로 사랑하는 기술을
이해하기 위해 풀어야 할 과제인 것이다.

사랑에 대하여

바이런은 여성에 대해서 이렇게 말했다.

"우리는 여성과 함께 살 수도 없고, 여성 없이 살 수도 없다."

나는 청년 시절부터 남성에게 가장 강렬한 쾌락을 주는 것은 여성이라고 생각해 왔다.

만남·교제·선물·애무 등 남녀가 친해지는 과정은 바람직한 것이다. 그것은 늙어서 아름다운 추억거리가 될 것이다.

젊어서 연애하지 않은 사람은 무언가를 빼앗긴 것 같은 느낌에서 벗어날 수 없고 영원히 위로받지 못할 것이다. 연가는 계속해서 부를 필요가 없다. 서로의 발견 속에서 많은 쾌락을 느낄 수 있는 것이니 청춘을 애정과 정열로 가득 채워야 할 것이다.

"사랑의 정열 따위는 바보 같은 말이다. 문학적이고 우스꽝스런 날조일 뿐이다"라고 발레리는 말했다.

몽테를랑도 "나의 모든 작품에는 그것말고는 쓸 것이 없다"라고 부언하였다.

육체적 행위는 마음의 교류 이상으로 참된 감정이다. 그러므로 이 행복을 잃지 않도록 주의해야 한다.

사람들은 자기가 상대방의 마음에 드는 사람에게 호감을 살 수 있는가를 고민한다. 이 일은 남녀가 모두 같이 생각하고 있는 것이므로 크게 걱정하지 않아도 된다. 외모가 훌륭하고 재기 발랄하면 자기가 바라는 이상의 상대를 만날 수도 있다.

물론 그러한 조건을 갖추지 않았다고 용기를 잃을 필요는 없다. 용모가 흉해도 남들에게 호감을 주는 사람도 있다. 그들에게는 나름대로의 매력이 있는 것이다.

여성들은 자신을 즐겁게 해주는 남성에게 호감을 갖는다.

어느 못생긴 엽색가를 만난 일이 있는데, 그는 한 여성에게 호감을 갖게 되면 화환을 계속 보낸다. 그러면 여성은 항의도 하고 애원도 하면서 거부하지만 결국은 선물 공세에 익숙해진다.

심야 전화도 처음에는 초조하지만 나중에는 불안한 심정으로 기다리게 된다. 여성의 마음은 몹시 설레이게 되고 요새는 무너져 버린다. 편지는 능숙하게 쓸 수 있는 연인에게만 유효한 것은 아니다.

사랑은 그들만의 문체를 만들고 여성은 애인의 찬사에 호의를 갖는다. 문자는 전화 벨 보다 마음 속 깊이까지 전달된다. 애정이 담긴 아름다운 문장은 행복감과 자랑스러움으로 여러 번 읽혀질 것이다.

자신의 모습을 흉하게 여기고 록사느 앞에서 겁을 먹은 시라노가 잘생긴 크리스찬이라는 가면을 쓰고 애틋한 연애 편지를 쓴다.

록사느는 그 사실을 모르지만 록사느가 사랑하는 것은 시라노일 뿐 크리스찬이 아니다. 우리는 시라노가 되어 요새가 함락되었을 때에는 정성껏 리듬을 유지해야 한다. 여성은 계속해서 살펴주고 말 상대가 되어 주어야 한다.

　야심가들은 그들의 일과 장래를 위해 혼신할 뿐 여성에게 관심을 가지려 하지 않는다. 이들은 옳지 못하고 야심 때문에 역행하는 일을 한다.

　여성은 그 특유의 육감으로 사랑하는 사람의 성공에 강력한 공헌을 한다.

　야심가는 장래에 대하여 고민을 하지만 그것을 트이게 하거나 무너뜨리는 것도 여성이다. 아무리 유능한 권력자라도 남모르게 귀를 기울이는 여성 한 명쯤은 곁에 두고 있다.

　여성과 함께 하는 시간은 결코 헛되지 않다. 그녀들은 정신에 활력을 준다. 젊은 여성들이 점차 남성화된다는 주장은 잘못된 것이다.

　그녀들은 남성들과 같은 교육을 받고 있으며 과학과 스포츠 등에 천부적인 혜택을 받고 있다. 그리고 유권자며 피선거권자이다.

　여성을 성적으로 열등하게 취급하는 것은 나치의 민족주의적 형태이다. 여성은 이성으로 여겨야 한다.

　과거나 현재나 여성의 생리 현상에는 변함이 없다. 인공수정, 피임 수단, 호르몬 조절 등으로 순리에 사소한 반역을 시도하는 것은 그리 중요한 일이 못된다.

　오귀스트 콩트는 여성을 감정적 성, 남성을 능동적 성으로 보았다. 이것은 정말로 진리라고 할 수 있다. 남성은 어린이와 같기 때문에 응석을 잘 받아주고 따뜻한 애정을 지닌 여성을 필요로 한다.

　여성은 유권자이며 피선거권자라고 했는데, 실제로 그녀들이 정치에 참여하면 여성으로서의 한계 이상은 활동하지 않는다. 여성들은 어렸을 때부터 가장으로써 군림하는 부친의 콤플렉스를 갖고 있기 때문이다.

여성들은 지도자로서 존경할 가치가 있는 영웅이기를 원한다. 그녀들이 사랑하는 것은 책임감이 강하고 신뢰할 수 있는 인물이다.

어느 나라든지 여성의 투표에 의해 과반수가 수정되었고, 프랑스의 경우 남성보다는 신앙이 깊은 여성들이 반교권주의를 쓸모 없게 했다.

여성이 정당과 손을 잡으면, 그 일에 정열을 쏟아 열중한다.

스페인 공화국은 파쇼나리아라는 여성 정치가를 갖고 있었고, 어떤 혁명에서도 도리코드우즈가 탄생한다.

음모 뒤에는 반드시 아름다운 여성 프롱드 당원이 있다. 여성은 정치에서도 사랑과 같은 격정을 가져온다.

국가의 지도자까지 무능하면 여성이 가장 먼저 고통을 당한다. 그 결과 아이들의 우유가 모자라고 남편들의 식사가 부족해진다.

여성들은 어린이를 기르고 전통을 가르치는 것이 임무이기 때문에 남성보다 이 전통에 충실하다.

영국의 여성들은 왕실 일가와 밀접한 관계를 맺고 있다. 왕실 생활은 가정 생활의 일부로 인식되며, 여왕 곁에는 힘이 센 남성이 존재하기를 바란다. 빅토리아 여왕은 앨버트 공에 의지하고 있었던 것이다.

일반적인 경우에도 남편은 아내의 영향을 많이 받는다. 생각에 지쳐 정리가 안 될 때는 아내의 생각대로 인도될 것이다. 여성은 끈기있는 침식 능력과 침실에서 가지는 효과적인 정략을 몸에 지니고 있다.

남편은 사업상 외부적인 많은 일들을 처리해야 하고, 그들의 행동은 여러 가지 일과 법칙에 제약을 받는다. 이에 비하면, 아내는 여유가 있기 때문에 남편은 외부와의 모든 교섭을 그녀에게 부담시킨다.

그리고 남성은 여성에게 가입된 것으로 여겨야 한다. 처음에는 당황하고 불쾌하겠지만 조금 후에는 욕망과 사랑이 그것을 수용할 것이다.

사랑에 양보를 했으면 애정까지도 허용해야 한다. 사소한 다툼은 피할 수 없지만 사이좋은 부부라면 그것을 지혜롭게 해결할 수 있다.

단, 남성은 자신의 성역만은 확보해 두는 것이 좋다. 사무용 책상, 개인용 의자, 찬장, 차 등을 제외한 것은 모두 아내에게 맡겨 그녀의 천분을 발휘하게 해야한다.

여성은 증거에 대해서는 그리 엄격하지 않지만, 신뢰에 대해서는 매우 엄격하다.

신에 대한 신뢰, 연인에 대한 신뢰, 부친에 대한 신뢰, 현명한 남편에 대한 신뢰 등 여성은 남성을 위해 모든 노력을 다할 것이다.

여러 가지 장애나 예기치 않은 적의에 부딪히다 보면 자신의 직업에 대해 염세적이 될 것이다.

이런 경우 남성들은 "예측할 수 있는 재앙은 다가오지 않는다. 앞으로는 더욱 심한 시련이 닥칠 것이다" 라고 말하고, 여성들은 "오래전의 일은 신께서 마음가짐을 미리 준비해 줄 것이다" 라고 말한다.

또한 알랭은 다음과 같이 말했다.

"남성은 투쟁에서 돌아오고 다시 투쟁의 장소로 돌아간다. 그 속에서 남성은 힘차고 곧게 나아갈 수 있다. 그는 늘 무기를 구하고 그것에 호소한다. 남성의 통치는 완전 통치라고 할 수 있다. 그의 판단은 사실에 기초하고 있다."

여성은 남성보다 낙천적이며 인간적인 것을 필요로 한다. 그녀는 자신이 유혹하고, 이해시키고, 감동시키고, 간절히 원하도록 하는 것에 의지한다. 그리고 기적을 믿는다. 그녀는 기적을 만들어 낼 수 있기 때문이다.

때때로 여성이 남성의 역할을 해야하는 경우가 있다. 기업의 총수나 장관의 직책에 있을 때는 남성적 태도와 남성적 사고를 간직할 수 있다. 그러나 남편이나 존경하는 지도자 밑에서 느꼈던 행복을 그때에도 가질 수 있는지는 모르겠다.

오래 전부터 여성의 주체성과 개체성에 대하여 많은 논란이 있었다.

고대 사회의 여성은 개체로 밖에 인식되지 않아서 망토에 손을 집어넣는 정도로 취급되었다. 도시가 점령되면 여자 포로는 노획품으로 취급되었고 정복자들은 그녀들을 나눠 가졌다.

페넬로페도 안드로마케도 개체적 여성으로서의 노예일 뿐이었다.

만일 오딧세우스가 돌아오지 않았다면 페네로페는 누군가의 구혼을 받아들였거나 죽음을 택했을 것이다.

기독교는 주체적 여성을 부각시킨다. 여성을 인격체로서 존중하여 남성에게 여성의 자유를 존중하는 의무를 갖게 하였다.

기사도 정신은 여성을 남성보다 높은 위치에 올려놓았고, 기사는 귀부인을 위하여 싸우는 것을 자랑으로 여기게 되었다.

그런데 현실은 다르게 바뀌어 가고 있다. 매춘부가 개체로 인정받고 있으며, 결혼문제에 대해서 여성의 의견은 거의 무시하고 있다.

"우리는 딸을 성녀로 키워서 시집 보낼 암말 정도로 생각한다" 라고 조르즈 상드는 말했다.

상드도 자신보자 열등한 남편에게 개체로 취급당하여 일생을 두고 원한을 품었던 것이다.

그러나 현대는 풍습이 많이 변해서 일부에서는 개체적 남성을 화제로 삼기 시작하였다. 지참금이나 호화스런 결혼도 매력을 잃어가고 있다. 그것은 일을 해야만 부자가 될 수 있기 때문이다.

여러 남성과 어울려 자란 여성은 자기 생각대로 선택할 수 있다. 그녀는 스스로 생활비를 벌 수 있기 때문에 생활에 절박해질 필요는 없는 것이다.

그렇다고 해서 개체적 여성이 없어진 것은 아니다. 일부 여성은 직업 전선에서 노예 상태로 만족하고 있고 많은 여성이 충분한 생활비를 벌고 있지 못한 채 남성의 지원을 받고 있다.

그 밖의 여성들은 남성의 협조자로서 불이익을 당하고 있다. 판매원은 판매 주임을 필요로 하고, 여배우는 연출자와 남우 감독을 필요로한다. 거침없이 일을 해치울 수 있는 남자가 의견을 말하면 대부분의 여성은 그 의견에 따르고 만다.

그러나 사랑이 없는 소유는 증오만 낳게 될 뿐이다. 남성은 여성의 주장을 무시한다든지 그녀에게 맞서서는 안 된다. 행복은 육체를 정복하는 것에 있지 않고, 자유로이 선택되는 것에 있다.

결혼에 대하여

오늘날의 젊은이들은 스무 살만 되면 육체적 애정을 경험하게 된다.

블레이크는 "욕망에 행동이 따르지 않으면 악취가 난다"라고 말했다.

이 말은 사랑하지 않으면 안 된다는 의미를 나타낸다. 그러나 이 문제는 지나간 세대의 것일 뿐, 지금 젊은 세대의 것은 아니다.

과거의 젊은 여성들은 추문과 출산에 대한 위협을 받고 있었기 때문에 젊은이는 순결을 지키거나 매춘부를 선택했다.

경험이 많은 매춘부는 자신보다 어린 청년을 길들였다. 1820년경 베르니 부인은 청년 발자크의 천분을 끌어내어 사랑을 맺었던 것이다.

모두들 알고 있듯이 젊은 남성이 순결한 채로 결혼하는 것은 바람직하지 않다. 그러한 경우 서로 무지하고 기술이 없기 때문에 실패를 계속하게 되고 결국 이혼하거나 사랑하지 않는 상태에서 평생을 같이 해야 한다.

젊은 처녀들은, 몰리에르의 딸 역이나 발자크의 여주인공과 같은 인내심이 없다면 육체적 사랑에 대해 어느 정도 곡해하고 있는 것이라 할 수 있다.

그녀들은 자기들끼리 얘기하고 상상하며 배우려 하고 있다. 사실 그녀들은 자청하는 구혼자나 부모가 권하는 남성을 받아들인다.

19세기말 경에는 돈이나 명예에 의해 결혼하는 경우가 많았다.

그러나 지금은 여성이 돈에 팔리거나 직업으로 매춘부 노릇을 하는 일은 거의 없어져 버렸다.

현대의 주택난은 간통을 초래하고 있다. 남몰래 여관에서 만나기도 하지만 그들에게는 독신 남자의 방이 더 안전하고 재미가 있다.

초라한 것보다는 풍정이 있는 장식이 사랑에 광채를 더해 준다. 처녀는 분위기에 따라 훨씬 대담하게 안길 수 있는 것이다. 그리고 그 동기는 여러 가지 방법으로 만들 수 있다.

직업 여성이나 여학생은 자유롭기 때문에 강의·운동·여행·피서지 등 만날 수 있는 기회가 많다. 또한 그녀들은 피임 방법을 잘 알고 어린이를 키울 경제력이 있어서 헤어지더라도 스스로 살아갈 능력을 가지고 있다.

국가에서도 그녀들을 도와 준다. 이러한 환경으로 인해 남성에게만 있던 자유가 여성에게도 주어지고 있다.

이 문제에 대해서는 시비를 가릴 필요가 없다. 시대의 흐름은 누구도 막을 수 없는 것이다.

그러나 이러한 자유 풍조에는 많은 위험이 있다. 피임은 중대하면서도 비열한 것이며 낙태는 순리에 어긋나는 사악한 행위다. 자기의 결혼 상대자가 과거에 연인을 갖고 있었다는 것은 불쾌한 일이다.

결혼과 독신의 문제에 대하여 파누르즈는 이렇게 말했다.

"나에게 가장 좋은 것은… 지금 혼자인 채로 있는 것이 좋다는 것을 안다면, 나는 결혼하고 싶지 않다—그러면 결혼하지 말라고 팡타그뤼엘이 대답했다—내가 반려자도 없이 이 상태로 평생 있으면 좋겠다고 생각하는 것이냐고 파누르즈는 말하였다—그렇다면 신의 의견을 듣고서 결혼하면 될 것이라고 팡타그뤼엘은 대답하였다."

인도적이고 도덕적인 계율을 지키는 사람은 율법대로 성실하게 살겠지만, 인간은 대중과 환경에 확고한 지배를 받고 있다. 사랑하는 여성과 가볍게 만나는 창녀와의 구별을 양심대로 나눌 필요는 없다.

요컨대, 처음의 실수로 어쩔 수 없이 결혼을 택하리라 여겨진다.

방해되는 것이 있으면 처음부터 피하는 편이 좋다. 성실하게 결혼하여 한 여자를 받아들임으로써 남성은 자유의 일부를 포기하게 된다.

버너드 쇼는 "성실은 남성에게 있어서, 울타리는 호랑이에게 있어서와 같이 벌써 자연은 아니다"라고 썼다.

물론 아름다운 것은 모두 자연이 아니다. 약자나 무고한 사람을 위하여 자신을 희생하는 일은 자연이 아니다.

한 권의 책을 쓰기 위하여 하루에 12시간씩이나 앉아 있는 것도 자연이 아니다. 비열하고 잔혹하고 변덕스럽고 태만한 것을 권위가 있다고 할 수 있는가?

모든 행동은 그 규모가 커지면 자신의 반성을 필요로 한다. 이것을 유지해 나가는 일은 어렵겠지만, 맹세를 해야 할 경우에는 이를 피하기가 힘들 것이다.

그리고 일단 결심하면 자신이 선택한 사람과 어떤 방법

으로 행복한 인생을 만들 것인가를 문제삼게 된다. 세례 때 선택과 발전이라는 두 가지 의미가 결여되었다면 교회가 세례도 결혼도 아니라고 판단하는 것도 타당하다.

결혼은 어떤 국가나 민족, 혹은 종교나 시대에서의 특수 제도가 아니다. 그것은 풍속에 포함된 하나의 법칙이다. 자치 단체나 대표자에게서는 부모의 정과 엄격함을 느낄 수 있다. 알랭의 말대로 결혼이란 시간이 단단히 맬 수 있는 유일한 끈이다.

결혼의 영원한 의미는 강렬한 욕망으로써 항구적 결합을 공고히 하는 것에 있다. 이 결합은 또한 사회의 인정을 필요로 한다.

사랑하는 사람끼리 장래를 약속하려 해도 사회가 인정하려 들지 않으면 좌절되고 만다.

안나 카레리나와 브론스키는 서로 사랑했지만 사회적인 외면으로 이루어지지 않았다.

리스트와 다크 백작 부인도 둘다 위대한 예술가였지만 결국은 이별하고 말았다.

부부가 서로 융통성이 없을 경우 둘은 사랑의 노예가 된다. 자유로운 사랑만큼 자유롭지 못한 것은 없다. 서로의 관계도 여성을 위하여 희생하는 생활에 의해 유지되지만 제멋대로 행동하는 것은 묵인할 수 없는 일이다.

이에 대해 유대나 사랑을 거론하는 것은 옳지 않다. 오히려 한 무리라는 의식과 우정이 사랑 뒤에 밀착되어 있다고 하는 편이 나을 것이다.

이와 같은 일치점에서 서로간에 정감이 가는 이해를 할 수도 있는데 극히 드문 예이다. 여성을 유혹하여 친해지는 것만이 남녀 관계의 전부가 아니다.

거기서 결혼을 생각하게 되는 것이다. 이미 언급했듯이 결혼은 영원한 결합을 굳게 하는 것이다.

그러면 먼저 욕망에 대해 이야기하겠다.

여성을 선택할 때는 외모가 흉하지 않고 자기의 마음에 들어야 하는데, 그녀가 누구의 눈에도 미인으로 보여야 할 필요는 없다. 식별 능력이 있는 남성은 용모가 몹시 흉한 여성에게서 귀중한 것을 찾아낼 수 있다.

〈두 젊은 부인의 수기〉를 보면, 르네 드레스트라드는 사랑하지도 않는 남성과 결혼한다. 그리고 그녀는 그 남성을 자신이 사랑할만한 인물로 변화시킨다.

발자크는 설명에 의해 논증하지는 않는다. 그 남성에게 남성으로서의 요소가 없었다면, 르네도 그를 이상적인 남편으로 만들지 못했을 것이다.

이성적 결혼은 정서적인 면을 명확히 간파해야 잘 이루어질 수 있다. 그리고 타산에 맞추는 결혼은 정신적인 고통을 준다. 올바른 정신과 공통된 취미는 매혹적인 용모보다 훨씬 소중하다는 것을 알아야 한다.

아름다움은 행복을 약속하지만 훌륭한 정신을 수반하지 않는 육체적 아름다움은 아무런 소용이 없다.

때때로 결혼 생활이 계속되면서 그 단조로움으로 인해, 욕망이 쇠퇴하는 것에 대한 두려움을 갖기도 한다.

아내는 사랑의 유희를 나누기에는 적합하지 않기 때문에 최초의 욕망을 성취하면 권태로움을 느끼게 될 수도 있다. 이에 비하여 양쪽이 연구에 몰두한 완전한 즐거움은 행복한 관습을 창조한다.

오크레이디 박사는 일부일처제에 대해 다음과 같이 말했다.

"대다수의 사람들은 조건이 붙은 일부일처주의를 신봉한다. 애정 문학을 통해 전파된 전설에도 불구하고, 도덕적인 남성은 어떤 여성에게서도 욕구를 느끼지 않는다.

그들은 자기 상자가 아니면 불을 댕기지 않는 성냥과 같다. 그들의 욕망은 대부분이 아내이지만, 일단 정해 놓은 여성의 이미지와 맺어지고 있다.

아내의 얼굴·신체·음성이 사랑의 개념과 연결된다면, 그녀는 남편에게 더 이상을 요구할 수 없다는 포용력이 생긴다. 일부일처 주의자에게는 일부일처제가 가장 적합한 것이다."

상대방의 선택을 위하여

무수한 남자 또는 여자와의 만남 속에서 다른 사람 아닌 바로 그 사람을 마음 속의 사람으로 정하는 것은 무슨 이유일까?

여기에 대해서는 두 가지로 나누어 설명할 수 있는데, 어느 것이나 진리를 내포하고 있다.

첫번째는 청춘기와 인생의 중반에 우리들은 사랑에 빠지기 쉬운 상태에 놓여진다는 것이다.

이때는 막연한 욕망이 아직 특정한 사람과 결부되지 않은 채 무엇인가를 기대하는 쾌락적인 감정을 자아낸다.

실제로 연인을 갖지 못한 청년은 사랑의 요정을 상상하며 동경하게 되고, 처녀들은 소설의 주인공이나 유명한 남자 배우 또는 문학을 강의하는 교사를 연모한다. 청춘은 실로 강렬한 미약(媚藥)이다.

괴테는 "이 미약을 마시면 모든 여자가 미녀 헬레나로 보인다" 라고 말했다.

연인이 될 만한 남성 또는 여성의 출현을 이미 육체는 목마르게 기다리고 있으니까.

멋진 사람이 나타나기만 하면 당장에 사랑이 생기는 것도 무리는 아니며, 이상할 것도 없다. 우연히 만난 좋은 상대와 행복한 한 쌍이 태어난다. 그러나 때로는 욕망의 힘으로 결합된 남녀가 서로 걸맞지 않거나 상대를 경멸하게 되는데, 이때는 사랑이 증오를 낳는다.

만남의 상황이나 정경이 연인을 만든다는 것도 생각할
수 있다. 일상 생활 속에서는 감정이나 욕망을 도저히 입
밖에 내지 못하는 내성적인 사람들끼리 마음 속을 서로
보여 주어야 할 상황에 놓여 서로 접근하게 되는 일도 있
다.

그래서 대혁명(大革命)으로 옥중에 갇힘으로써 평온한
세계에서였다면 현모양처로서 생을 마쳤을 많은 여성이
정열적인 연인으로 바뀌었던 것이다. 또 위엄 있고 명성
있는 남성은 여자의 눈으로서는 도저히 결점을 찾아낼 수
없게 된다.

특히 남성이 승리를 거둔 순간은 사랑이 싹트는 좋은
기회다. 때로는 아주 우연히 마음과 마음이 서로 통했다는
환상이 생기기도 한다.

주위에 있는 사람들이 한 말이 근원이 되어 두 사람의
시선이 마주치고 그와 동시에 마음의 동요를 발견한다. 타
고 가는 차가 흔들림으로써 손이 마주 닿는다. 중력의 법
칙이 그렇게 하도록 했을지라도 손을 겹치고 있는 순간은
즐겁다. 그것으로 충분하다.

두번째는 첫눈에 반하는 형태로서 이것을 전세(前世)의
인연이라고 한다.

그리스 신화에 의하면, 이 세상 초기에는 인간은 한 사
람 한 사람이 남자와 결합되어 있었는데, 조화의 신이 이
것을 둘로 나누었기 때문에, 떨어진 분신들은 서로를 찾으
려고 하는 것이다.

원래 하나였던 짝을 만나면 한눈에 반하여 격렬하고 감
미로운 충격을 받아 서로 끌어당김을 알게 된다. 우리들

각자는 자신의 미녀(美女)의 원형을 배태하고 있어서, 그와 꼭 닮은 사람을 이 넓은 세상에서 찾아 헤맨다.

그리고 현실적으로 사랑의 요정으로서 그리던 아름다움을 가진 사람과 만나면 환희에 찬 나머지 넋을 잃고 마는 것이다. 육체미로 관능(官能)을 마비시키는 것과 동시에 부드러운 말씨로 정신을 만족시켜 주는 사람이 있다.

그와 같은 사람을 우리들은 자연히 사랑하게 되며, 그것을 후회하지 않는다. 그 사람 곁에 가까이 가면 갈수록 더욱 훌륭한 사람이라고 단정짓는다.

그 사람을 변화시킬 힘이 주어지더라도 그 사람의 어느 한 부분도 변화시키고 싶어하지 않는다. 그 사람의 목소리는 '다시없는 부드러운 가락'으로 생각되고, 꾸밈 없고 자연스런 말씨는 그냥 그대로가 최고의 시(詩)라고 생각한다.

이렇게 상대를 찬미할 수 있는 일은 커다란 행복이다. 사랑하는 사람의 정신이나 육체를 모두 아름답게 여기는 마음이야말로 이 세상에서의 가장 큰 쾌락이 아닐까.

자, 이제 마지막으로 우연한 만남이나 감정이란 힘에 의해서도 생애의 동반자를 발견하지 못하고 결국 생각하는 힘으로 상대를 선택하게 되는 남녀가 많이 있다.

그와 같은 사람들을 위해 상대를 선택할 때의 몇 가지 규칙을 가르쳐 주는 것도 사랑의 기술일까. 만약 그렇다면 나는 이렇게 말하고 싶다.

첫째, 명랑해야 한다.

둘째, 참을성이 많아야 한다.

그리고 마지막으로 유머러스한 센스를 가지는 일은 부

부의 행복에 매우 유익하며, 그것은 언제나 건강의 산물이다. 또한 상대로 선택한 사람의 가정도 충분히 관찰해 보아야 한다.

왜냐하면 행복이란 전해지는 것이기 때문이다. 세상에는 음침하고 옹색한 가정이 있게 마련인데, 그러한 곳에서의 사랑은 이내 시들어 버리고 만다.

한편 이렇게도 생각된다. 여자는 힘 있고 굳센 남자다운 남자와 결합되는 편이 행복해질 수 있고 남자도 또한 남성에게 리드당하는 타입의 상냥한 여성과 결합하는 편이 낫다고 말이다.

젊은 처녀들 중에는 자유롭게 조정할 수 있는 남자를 남편으로 맞이하길 원하는 사람도 있다.

그러나 지금까지 어떠한 면으로도 도저히 존경할 마음이 생기지 않는 남자와 사는 여성이 진실로 행복을 느끼고 있는 것을 본 일이 없다.

또 정상적인 남성이 아마존족과 같은 여자와 살면서 완전한 행복을 맛보는 것을 보지 못했다.

다만 인간 생활에는 매우 복잡한 요소가 얽혀 있으므로 언제나 복종만 하는 여성의 마음에도 보호 본능이 있어서 때로는 남자를 어린애처럼 취급하고 싶어하는 것이다.

누가 뭐라고 해도 우연의 역할은 크고, 남자든 여자든 생애의 동반자가 될 사람을 순수한 의지의 힘으로 선택한다는 것은 어려운 일이다. 아니, 그런편이 좋은 것이다.

본능에도 잘못은 있지만, 상대의 선택에 관한 한 이지(理知)보다는 확실하다.

어떤 사람은 이렇게 물어 온다. "사랑할 것이냐, 아니나?” 그러나 그것은 물을 것이 아니라 느껴야 할 것이다.
모든 탄생이 그러하듯이, 사랑의 탄생은 자연의 조작이다.
사랑하는 기술이 필요한 것은 훨씬 후의 일이다. 그래서
우리들은 기술이 원래의 감정을 가공하기 시작해야 할 순
간을 좀더 엄밀히 정해야 하는 것이다.

사랑의 탄생을 위하여

스탕달은 그의 저서 《연애론》에서 감정이 발생하는 모양을 아주 기묘하게 서술하고 있다.

다음은 그 요점이다.

첫째, 모든 연대의 시초에는 하나의 충격이 있다.

찬미의 감정에서 또는 우연히 마음이 서로 통하거나 욕망이 생기거나 하는 일에서 이 충격이 생긴다.

〈안나 카레리나〉의 우로스키는 꿈꾸는 듯한 마음으로 기차에서 내리면서 자문자답한다. "저 카레리나 부인은 정말 아름답다… 더구나 그 눈길은 무엇을 의미하는 것일까."

또한 〈으제니 그랑데〉의 샤르르 그랑데는 어느 날 밤, 그의 사촌 누이 동생의 인생 속에 빠져 들어가는데, 그것은 그가 고뇌라는 매력에 싸여 있었기 때문이다. 그리고 그 후, 그 누이 동생은 그를 일생 동안 사랑하게 된다.

둘째, 우리의 관심은 충격으로 인해 어떤 사람에게 쏠리는데, 그때 부재(不在)라는 하나의 사실은 사랑의 탄생을 위해 아주 적절히 작용한다.

"여성의 큰 힘은 약간 기다리게 하는 것, 그곳에 없는 것에 있다" 하고 알랭은 말하고 있다.

왜냐하면 눈앞에 있으면 우리들에게 충격을 준 여성이나 남성에게서도 당장 약점이 발견되는 데 반하여 그곳에 부재한 연인은 사랑의 요정으로 변하고, 우리들은 그 요정에게 모든 아름다움을 결부시킬 수 있기 때문이다.

스탕달은 그러한 마음의 움직임을 결정작용(結晶作用)이라고 부르고 있다. 결정작용에 의해서 연인은 실제와는 다른 인간, 또는 실제보다도 뛰어난 인간으로 바뀌어지고 만다.

"연애는 주관적인 것이고, 우리들은 우리들이 창조해 낸 인간을 사랑하는 것이다" 라고 프루스트가 한 말도 바로 그 결정작용을 두고 한 말이다. 상대가 진정으로 찬미할 만한 가치가 있을 때에는 물론 이 말은 적당하지 않다. 그러나 흠이 없는 다이아몬드는 흔하지 않다.

셋째, 일단 최초의 결정작용이 생기면 그 다음에 만나도 연애에 관해서는 위험한 일이 일어나지 않는다.

왜냐하면 상대가 눈앞에 있을지라도 감격한 나머지 이미 그것을 현실 그대로의 사람으로는 보지 않기 때문이다.

다시 말하면, 현실적인 인간을 결정작용의 인간으로 바꾸어 놓은 것이다. 연인이 평범한 말을 해도 이미 그것은 그렇게 들리지 않고, 머리가 좀 부족한 것도, 마음이 빈약한 것도 알아차리지 못한다. 그와 만나는 시간의 즐거움 때문에 환멸이 갑자기 닥치는 등의 일은 일어나지 않는다. 완전히 주관(主觀)속의 즐거움이기 때문이다.

넷째, 이러한 상태가 계속되는 한 연애는 행복으로만 가득하다.

그러나 연료가 없이는 난로의 불이 탈 수 없듯이, 갓 생겨난 사랑의 불꽃은 아주 조금씩이라도 희망이라는 숨결이 그것을 격려해주고 힘을 북돋아 주는 암시가 결여되지 않는다.

어떤 한순간의 눈길, 잡는 손에 약간의 힘이 주어지는 일, 또한 다소의 성공률이 엿보이는 대답 등으로 이내 다시 원기를 되찾게 되는 것이 연애하는 남녀인 것이다.

다섯째, 그런 암시가 확실한 형태로 주어질 때 사랑받는 관계가 생긴다. 이 세상에서 이토록 멋있고 황홀한 일은 없다.

그러나 또 만족스럽도록 안심하는 마음이 사랑을 잃어버리게 하는 일도 있다. 많은 남녀들에게 있어서 사랑하는 마음은 적어도 처음에는 의심에 의해서 길러진다.

좋아하는 듯한 몸짓과 냉담한 행동이 번갈아 나타남으로써 이루어진다고 해야 할지도 모른다. 그런데 그런 암시에 부응하는 듯한 마음의 변화가 실제적으로 전혀 없는 일도 있다. 내성적이거나 부끄러움 등으로 인한 몸짓이 경멸을 표시하는 것으로 오해하거나 한다.

두통 때문에 나타난 표정이나, 옷매무새가 너무 조여서 몸이 움츠러들었거나, 줄나간 양말에 신경쓴 것, 연애 감정을 가진 사람이나 꼼꼼한 관찰로, 그 몸짓이나 그 표정이 무엇을 암시할까 하고 세밀하게 분석해서 나름대로 해석하는 것이다. 그러나 사랑하는 사람에게는 아주 사소한 사건도 걱정의 근원이 된다.

상대방의 눈빛·말·동작 등을 아주 상세히 분석하고, 그것이 뜻하는 의미를 발견한다. 상대방이 그처럼 냉정히 대하는 것은, 도대체 무엇 때문일까를 곰곰히 생각해 보는 것이다.

그 원인을 찾아내지 못하면 못할수록—원래 찾아낼 만한 것이 없는데—더 한층 사랑하는 사람을 생각하고, 그리움은 더욱 깊이 마음 속을 파고 든다. 불안에서 생기는 사랑은 빼내려고 하는 가시가 살 속으로 더욱 깊이 들어가는 것과 같다.

여섯째, 그렇기 때문에 의도적으로 여러 가지 몸짓을 해보이거나 유혹의 손길을 뻗쳤다가는 때로는 움츠러들어보이고, 또다시 유혹의 손길을 뻗치면 사랑하는 마음을 싹트게 하고, 결국 머물게 하려는 목적을 달성하게 된다.

새끼고양이에게 털실 뭉치를 던져 주었다가 잡아당기면 고양이는 그 뭉치를 잡으려고 갖은 애를 쓴다. 이와 같이, 젊은 사람은 암시에 의해서 초조해지게 되면 사려도 분별도 없이 그물에 걸리고 만다.

달아나는 자는 쫓아가고 내밀어 주는 것을 거부한다는 것은 극히 자연적이며 그리고 쉽게 설명할 수 있는 심리의 움직임이다.

일곱째, 그러나 그러한 암시도 도가 지나치면 사랑을 잃어버리게 한다.

예를 들면, "예, 제발 부탁이에요" 하는 그녀의 말 한마디에 희망을 갖게 되면 철이 든 어른도 금새 어린애처럼 된다.

"나는 사랑받고 있는 것은 아니지만 그래도 그녀 마음에 들고는 있다" 라고 그는 생각한다.

그러나 그 말이 농담이었음을 알았을 때, 그는 고민한다.

"암시한 여자와는 인연이 없었던 내가 무슨 꼴이람!" 하고 후회하다가는 마침내 "흥, 가증스러운 여자군" 하고 생각한다.

이렇게 되면 결정작용은 허물어진다.

"이제부터 그녀는 단념하리라. 하루를 그녀 때문에 고통스러워했다. 그녀는 경박하다. 지난 일에 대해서는 미련없이 잊어버리는 그런 여자다. 사람을 분별해서 볼 줄도 모르고, 남자라면 누구라도 좋다는 바로 그런 여자다" 라고까지 생각하게 된다.

이쯤되면 암시는 지나치다. 〈인간 혐오〉(몰리에르 作, 전 5막의 희극)의 세리메느는 처음에 그녀의 재기와 미모에 이끌렸던 남자들로부터 완전히 소외당한다.

여덟째, 만일 암시한 여자가 쌀쌀맞은 몸짓으로 유희를 연출해 보인다면 그에 반대할 수 있는 남성은 아마도 한 명도 없을 것이다.

그러나 이러한 유희를 꼭 보여 주어야만 하는가. 내 생각으로는 남자든 여자든 훌륭한 사람이라면 때로는 애정에서 때로는 선의(善義)에서 암시라고 하는 이 절대의 무기를 포기한다.

"내가 당신에게 나의 사랑을 고백한다면, 나는 이제부터 당신의 의사대로 된다는 것을 압니다. 그래도 나는 그것이 기쁩니다" 라고 말할 수 있다면, 그것은 매우 훌륭한 일이다.

그러나 상대방이 이 정도도 신뢰할 값어치가 없다면 그때는 그것을 제거하는 암시가 필요할지도 모른다. 상대방이 몸과 마음을 다해 사랑할 만큼 훌륭하다면 아름다운 사랑과 신뢰로 가득 찬 사랑이 탄생할 것이다.

아홉째, 사랑이 싹텄을 무렵이야말로 인간이 생각할 수 있는 최대의 행복된 날이 온다.

그리고 마침내 결정작용은 이중으로 행해지고 상대방이 현실적으로 눈앞에 있어도 그것은 파괴되지 않는다. 제각기 서로가 희망하는 사람이 된다. 이런 상태가 계속될 수만 있다면, 그것은 진정 아름다운 인생이다.

그러나 그런 관계에 있으면서도 두 사람의 애정 정도가 계속된다는 것은 어렵다. 대부분 우리들은 희망하는 상대방을 계속해서 공격해야 한다. 더구나 상대방은 한 번도 싸워보지 않고 한쪽의 공격에 수긍하는 경우는 없는 것이다.

사랑받기 위하여

상대방이 나를 사랑하도록 하는 일이 가능한가? 왜 꼭 사랑받아야만 하는가? 만약 이쪽의 사랑을 상대방이 받아들이지 않는다면, 쾌락만을 구하는 것이 더 편하지 않을까?

원시사회나 고대 문명사회에서는 그랬다. 한 남자가 한 여자를 갖고 싶으면, 그녀를 약탈함으로써 한 쌍이 이루어졌다. 그러면 잡혀 온 그녀는 한 남자의 자유 의사대로 따르기만 했다.

그런대로 그 남자를 진정 사랑하게 되는 일도 종종 있었다. 그에게 선택되었으니까 혹은 그가 나의 주인이 되었으니까 또는 그는 매우 친절하니까 등의 이유만으로도 그를 사랑하게 되었다.

그러나 시대의 흐름은 그 옛날 무력(武力)이 연출했던 권력이나 금력의 역할을 맡게 되었다.

백만 장자가 여인에게 사랑받기는 용기 있는 남자의 경우보다 더 어렵다. 왜냐하면 부유는 그 사람의 자체를 나타내는 기준이 되지는 못하기 때문이다.

그러나 〈그리스 신화〉에서의 주피터는 황금의 비로 모습을 변장하고 다나에스가 갇혀 있는 청동탑으로 스며들었던 것이다.

우리들은 복종을 강요받기보다는 남이 나를 스스로 선택해 주기를 바란다. 상대를 정복했다 할지라도 그 자유

의사를 정복한 것이 아니면 기쁨은 영원하지 않다.

상대방의 자유 의사래야 비로소 의심이나 불안이라는 타성(惰性)과 권태에 있어서 영원한 승리가 이루어지며, 감미로운 감정 생활의 원천이 이루어진다. 잡혀온 하렘의 미녀는 결코 사랑받지 못한다.

이와 반대로, 미국의 어느 한 휴양지의 해변가에서 떼지어 머물고 있는 미녀들도 결코 사랑받지 못한다. 왜냐하면 그녀들은 자신의 전부를 벗어 던졌기 때문이다.

사랑이라고 하는 공격에 저항—베일·부끄러움·도덕—하는 것 등이 전혀 남아 있지 않다면 사랑의 승리가 있을 수 있겠는가?

자유 해방의 정도가 지나친 이 방종한 여자들의 주위에는 눈에 보이지 않는 투명한 벽이 가로놓여 있다.

로마 네스크한 사랑을 이루기 위해서는 역시 여인은 종교와 풍습에 둘러싸여 어느 정도 까다로운 생활을 하는 편이 낫다.

실제로 이러한 조건이 훌륭히 충족된 연애가 중세(中世)에 발생했다. 그 당시 여성은 여주인으로서 공경받았으며 성(城)안에서 살았다. 남성은 십자군(十字軍)에 참가하여 여러 나라를 거치면서 사랑하는 귀부인에게 그리움을 보냈다. 말 잔등에 흔들리며 가노라면 결정작용은 더욱 격앙되었을 것이다.

궁정식 연애시대에는 남자가 여성에게서 사랑받는다는 일은 있을 수 없었다. 침묵의 사랑이거나 또는 얻을 수 없는 사랑으로 감수했다.

섬세한 마음을 가진 사람에게는 멀리 떨어져 있는 사람

을 애타게 그리워하는 일이 매우 강렬하다. 그리고 이 기쁨은 매우 주관적인 것이므로, 실망과 환멸이 닥치는 위험이 적은 것처럼 생각된다.

"자신의 사랑하는 마음을 숨긴 채 그 사람을 바치는 것은 하나의 큰 기쁨이지만 고통도 따른다. 그러나 거기에는 즐거움이 있다. 자기의 모든 행동을 오직 숭배하는 사람의 마음에 들도록 하는 일은 얼마나 큰 환희이겠는가. 자기의 마음을 어떻게 하면 고백할 수 있을까 하고 매일 생각에 잠긴다.

마치 사랑하는 사람과 얘기라도 하듯이 오랫동안 생각에 잠긴다. 한순간 두 눈빛이 빛나다가도 이내 사라진다. 그토록 마음을 산란하게 만드는 그 사람이 눈치채지 못하고 있음을 알면서도 오히려 그 어수선한 마음이 기쁘다. 진정으로 그렇게 애태울 만한 가치가 있는 사람을 위해서니까."

무대에서 잠깐 모습을 보았을 뿐인 여배우를 사모하는 한 소년은 그 여배우의 목소리나 얼굴이 아름답기 때문에 그의 정신도 아름다울 것이라고 믿는다.

그러나 그 여배우는 아마도 그토록 훌륭한 마음의 소유자는 아닐 것이다. 극장 무대의 조명 아래에서만 보았기 때문에 얼굴의 주름도 보지 못했으며 실제의 그녀 나이도 모른다.

잠시도 함께 살아본 적이 없기 때문에, 실은 꽤나 화를 잘 내고 허영심이 강한 여자임을 모른다.

바이런은 그들을 향해 이렇게 말했다.

"사랑하는 여인과 같이 사는 것보다 죽는 편이 쉽다."

소설가의 팬이 된 여성은 작품 중의 주인공의 섬세한 마음을 작가에게서도 느낀다.

그 소설가의 온몸의 관절이 찌릿찌릿하거나 식후 소화가 잘 되지 않거나 육체가 무기력하고 마음은 병적으로 나약해서 조그마한 일에도 상처받기 쉽다거나 하는 일 따위는 상상도 하지 못한다. 근접하기 어려운 사람은 쉽게 멋있는 훌륭한 사람이 될 수 있는 것이다.

그렇다면, 사랑을 지키기 위해서는 사랑받기를 체념해야 하는가? 상대방을 알아서는 안 된단 말인가? 아니다. 왜냐하면 위에서 말하는 것처럼 생각 속에서만의 사랑은 처음 며칠간은 아름답게 타오르지만, 결코 오래 지속되지 않기 때문이다.

"사랑의 도정은 길면 길수록 섬세한 마음씨를 가진 사람에게는 즐거운 것이다."

그러나 이 길도 아름다운 우여곡절을 몇 번이나 겪은 후에야 비로소 목적지에 도착해야 한다. 왜냐하면 황야에서 길을 잃어버리게 되면, 사랑은 그곳에서 잠들어 버리고 활기는 상실되고 마침내는 죽어 버리게 된다.

"〔샘〕에서의 원군(援軍)이 오지 않으면 가득한 물도 줄어든다."

사랑하는 사람이면 이내 사랑받고 싶어지는 강한 욕망을 갖게 마련이다.

그때, 사랑하는 기술은 그에게 무엇을 가르칠 수 있는가? 미약(媚藥)의 처방일까? 사랑의 마술일까?

고대의 시가(詩歌)나 요정(妖情)의 이야기에는 마법사로 가득하다. 기원전이 아니더라도 오늘날의 파리·런던·뉴

욕 등의 누추한 방구석에서 흉칙한 모습을 한 노파들 사이에 옛날부터 거듭되어 온 질문이 하루에도 수십 번씩 화제거리로 등장한다.

"그 사람으로부터 사랑받기 위해서는 어떻게 해야 하는가?"라고 말이다.

求愛에 관한 메시지

　사랑하는 상대방의 마음을 사로잡기 위해 행하는 예법
이나 기교 또는 연기 등 모두를 통틀어 구애(求愛)라 한
다.
　인간과 마찬가지로 동물들도 사랑의 계절에는 그들 나
름대로 구애를 한다.
　이성(異性)을 유혹하기 위해 일반적으로 사용되는 방법
을 몇 가지 예로 들겠다.

　1. 장식(裝飾)
　몸을 치장하는 것은 주위의 시선을 끄는 데 그 목적이
있다.
　꽃은 번식기가 되면 그 선명하고 고운 색채로 곤충을
끌어들여 필요한 만큼의 꽃가루를 공급받는다. 개똥벌레는
어둠 속에서 빛을 발함으로써 사랑이 기다리고 있음을 이
성에게 알린다.
　이와 마찬가지로 여성은 우아하고도 대담한 의상을 입
어 보임으로써 남성의 선택을 기다린다.
　젊은 여성은 남성으로부터 호의를 받을 권리와 의무가
있다. 그리고 대부분의 젊은 여성이 유행을 따르는데, 그
것은 이성의 눈길을 끄는 데 목적이 있다. 유명 브랜드나
장신구점 등은 상대방을 놀라게 하려는 여성들의 끈질긴
요구 때문에 문전성시가 지속되는 것이다.

한편 어떤 여성들은 얌전하게 보이기 위해서인지 아니면 진심에서 우러나오는 감정 때문인지 어쨌든 유행을 경멸하기도 한다.

그런데 여공(女工)에서부터 상류층의 공작 부인에 이르기까지 유행을 따르는 사회에서는 그 모든 사람들과는 조금이라도 다르게 보이게 한다는 것이야말로 최대의 독창성, 개성인 것이다.

가장 검소한 차림이 가장 멋장이이며, 쌀쌀맞은 태도가 교태일 수 있으며, 장식하지 않은 일이 최대의 장식이 된다.

라파엘 전파시대의 영국에서는 일요일에 장식 미술품을 파는 상점에 가는 젊은 여성들은 무늬 없는 파란 드레스에 호박(琥珀) 목걸이만을 걸고 갔다.

그러나 그것은 당시 보석 따위를 몸에 붙이고 장식으로 가득한 드레스를 입고 나온 부인들보다도 한층 돋보이게 했다.

보헤미안은 펠트 모자로 사람들의 시선을 끌었고, 젊은 작가는 가죽 상의가 잘 어울렸다.

마치 오랜 옛날 멋쟁이가 빌로도 조끼를 입어 사람들을 놀라게 했던 것처럼 동물의 경우는 종족의 대부분 수컷이 몸을 치장한다. 공작(孔雀)의 아름다움은 예술에 대한 자연의 극치이다.

남성들은 여성들의 몸치장으로 인한 경제적 책임을 회피하려는 경향이 있는데, 여성들은 좀더 유의해야 한다는 것이 프랑스에서의 지론이다.

2. 묘기(妙技)

무슨 일이든지 남보다 능숙하게 해보이는 것은 남에게 사랑이나 호의를 얻는 하나의 수단이다. 사랑하는 사람은 모두 자기의 솜씨를 뽐내고 싶어하며 그 종류는 매우 다양하다.

새의 경우, 어떤 새는 상대방이 보는 앞에서 물 속에 잠기며 수초(水草)를 물어다가 상대에게 경애하는 뜻으로 바친다.

《순교자》의 작가 샤토브리앙은 그의 애인이 "오리엔트 동방(東方)까지 무엇하러 갑니까?" 하고 묻자, "사랑받고 또한 명예를 얻으려고"라고 대답했다.

그리고 대부분의 음악가는 자신의 탄식이나 욕망을 아름다운 선율에 옮겨 놓고 있다.

그런가 하면 테니스 선수는 훌륭한 백 스트로우의 모습에, 운전수는 능숙한 핸들 조작 솜씨에, 그리고 발레리나는 토우댄스의 묘기에 이성의 가슴을 파고드는 솜씨를 담고 있다.

묘기라는 사랑의 매력은 남성을 매우 난처하게 하기도 한다. 얌전한 여성이라면 몰라도 성격이 강렬한 여성이라면, 연적(戀敵)뿐만 아니라 친구한테서까지 그들의 연인을 빼앗으려는 강한 욕망을 일으킨다.

그러한 여성의 감정은 매우 복잡다양하고 허영심도 있으며, 다른 여성들의 취미를 모방하려는 마음과 힘들게 승리하여 스스로 성취감을 가지려는 욕구도 있다.

돈 환이 애인을 선택한 것은 처음 보았던 몇 사람뿐이었다. 그 후로는 그가 선택받았다.

"트로이 전쟁 이후, 누구도 나만큼 여성들의 사랑을 받은 자는 없다" 라고 바이런은 말했다.

여성에게는 안락한 조건이 매우 중요하기 때문에 약한 여성들은 완력이나 권력이 있어서 자기가 안심하고 의지할 수 있는 남성들을 선택한다.

전쟁 중이면 승리한 장수를, 평화 시기이면 천재나 백만 장자를 얻고자 한다. 그렇기 때문에 사랑에 빠져 있는 남자에게 선물을 주는 것은 자신의 힘을 과시하는 수단이 된다.

펭귄과 은행가는 애인에게 빛나는 돌과 빛나지 않는 돌을 보낸다. 작은새는 조그만 나뭇가지나 풀잎을 암컷에게 바치고 청년은 약혼녀에게 청실홍실을 융단이나 커튼의 형태로 선물한다. 제비의 암컷도 그렇지만 사람도 역시 이성을 선택했을 때부터 이미 둥우리를 지어야겠다고 생각한다.

3. 찬양

이것도 하나의 선물이 된다. 연애를 노래하는 시는 거의 모두가 찬양하는 말과 한탄을 호소하는 소리로 쓰여져 있다.

탄식을 호소하는 것은 상대방에게 감동을 주게 될 때도 있지만 곧 권태로움을 느끼게 한다.

찬양의 말은 늘 상대방을 만족시킨다. 남성도 여성도 아무리 거만한 사람도 어느 정도의 열등감을 가지고, 그것을 고민하기 때문이다. 미인은 자신의 재지(才智)를 의심하며 완력이 강하면 외모가 거슬리게 된다.

본인은 생각지도 못했던 장점을 들추어 내어, '그런 점이 있기 때문에 당신을 사랑합니다' 라고 하는 말을 듣는 일은 매우 기쁜 것이다.

내성적이고 우울한 성격을 가진 여성이라도 열심히 칭찬해 주면 태양열로 따뜻해지는 꽃처럼 환하게 밝아지는 일이 있다.

한편 남자에게서 칭찬을 받고자 하는 여자의 마음에는 한정이 없다. 아무 매력이 없는 추녀라도 칭찬하는 능력이 훌륭했기 때문에 한평생 사랑을 받았다는 예는 주위에서 매우 많다.

경계해야 할 점은 세상 사람들이 나 본인까지도 다 알고 있는 명백한 장점은 아무리 칭찬해도 쓸데없는 노릇이고 본인이 모르는 장점을 알려주는 것이 그를 즐겁게 해주는 일이다.

장군에게 그의 승전을 찬양해 주어도 별로 좋아하지 않지만 별같이 빛나는 눈망울이 훌륭하고 멋있다고 말해 준다면 평생토록 고맙게 생각할 것이다.

당대의 저명한 소설가에게 그의 작품을 칭찬하기 보다는 별로 알려지지 않은 수필에 감동을 나타내 보이거나 그의 목소리에 정열이 있어서 멋있다고 하면 당장에 그의 표정은 생기가 나고 밝은 미소가 떠오를 것이다.

4. 여성쪽에서 하는 구애

여성은 특유의 이성획득 수단을 가지고 있다. 오랫동안 여성은, '여성은 남자 쪽에서 먼저 말해 오기를 기다려야 한다'는 허구를 세상에 강요해 왔다. 그러나 이것은 표면에 지나지 않는다.

"거미가 곤충을 기다리듯이 여자는 남자를 기다린다"
라고 쇼는 말했다.

오늘날에는 아마존족의 여성 대다수가 가슴을 드러내며
분전하고 있다.

또한 무용은 남자에게 욕망을 억제하게 하는 동시에 그
소심한 성격을 개조하는 것을 목적으로 한다. 현대 무용은
고전 무용이나 민속 무용에 비해 직접적으로 관능을 자극
하도록 구성되어 있다. 하여튼 무용은 인류가 고안한 가장
유능한 술책의 하나이다.

현대의 도시문명에 있어서는 여성이 수행해야 할 중요
한 역할의 하나가 남성과 자연스럽게 융화하는 일이다. 이
것은 여성이 사랑받기 위한 수단이 되기도 한다.

대부분의 남성은 직업상 한 곳에 틀어박혀서, 전우주와
의 접촉을 상실한 상태에 있다. 여성은 그러한 편집광적인
생활에서 남성을 해방하고 숲과 호수와 산과 바다를 남성
을 위해 다시 찾아 주어야 한다.

남성의 눈에는 여성이 제시해 주는 자연의 아름다움이
여성 자체인 것으로 비친다.

'남성은 싸우기 위해서 태어났고 여성은 남성의 휴식을
위해서 존재한다.'

그러므로 대개의 경우 여자의 사랑하는 기술이란 기분
전환과 격려, 그리고 지탱하는 힘의 세 가지 역할을 동시
에 해내는 것을 말한다.

맨트농 부인이 루이 14세를 어떻게 공략했는지 잘 생각
해 보라. 당시의 맨트농 부인은 젊지 않았다. 왕을 가까이

할 수 있는 기회는 왕에게 커다란 영향을 미치고 있던 아름다운 몬테스팡 부인의 자녀들을 가르치는 가정 교사로서의 자격뿐이었다.

그런데 이 얌전한 중년 부인이 화려한 미모의 몬테스팡 부인에게서 루이 14세를 탈취하고 결국은 그와 결혼한 것이다.

그녀의 비법은 과연 무엇이었을까?

첫째는 피로에 지친 왕에게 안식을 주었다는 점이다. 남자도 잠시 동안이라면 사랑하는 여인의 노여움이나 질투를 참아준다. 바다는 폭풍우로 거칠어야 좋은 것처럼 사랑도 풍파가 있는 편이 낫다고 말하는 남자도 있다.

그러나 대다수의 사람들은 평화를 사랑한다. 밝고 겸손하며 상냥한 여성에게는 아주 맥없이 항복하게 된다. 미친 듯이 날뛰는 여성에게 질려서 격정에의 취미를 상실하게 된 남자라면 더욱 그러할 것이다.

맨트농 부인의 두번째 비법은 매일 밤 왕이 하는 일을 도왔다는 점이다.

왕은 맨트농부인의 거실에 장관들을 불러들였던 것이다. 그러면 잠자코 장관들의 보고를 듣고 있다가 왕에게 질문을 받게 되면 적절한 의견을 제시함으로써 장관들의 이야기를 정확하게 듣고 이해하며 올바로 판단했음을 증명했다.

그것은 일반적으로 명예를 중요시하는 남자는 여성보다는 자신의 일에 더욱 강한 애착을 가지기 때문이다. 결국 남자의 마음은 일을 하도록 도와 주는 여성에게로 기울어지는 법이다.

5. 교양

작은새는 스스로 노래를 부르며 스스로 물 속에 잠긴다. 게도 자기 몸을 움직여서 물 구덩이 속에서 사랑의 체조를 한다.

그런데 인간은 남을 움직여서 그것을 자기의 위신이나 묘기로 하는 재주를 발명했다.

사랑을 하는 남성은 자신이 시(詩)를 짓는 대신 보들레르의 시를 여성에게 읽어 준다. 피아니스트는 쇼팽의 곡을 연주하여 상대방을 사로잡고자 한다.

거장의 천재적인 광채가, 그 연주자나 숭배자 위에도 빛난다는 것이다. 명작은 그 작품 속의 주인공과 하나가 되어서, 그 모습이나 추억을 아름답게 상기시켜 준다.

음악은 듣는 사람의 영혼에 아름다운 질서와 인간 관계를 초월한 기쁨을 전달하여 사랑하는 마음을 갖게 한다. 미술관에서도 많은 사람의 싹이 튼다.

둘이서 읽는 소설은 사랑을 나누는 화제가 되기도 하고 사랑의 표현을 지시하기도 한다. 훌륭한 소설은 사랑의 교과서가 된다. 사랑할 만한 사람들에게 사랑의 열정을 가르치는 것이다.

교양을 공유함으로써 사랑의 환희와 감동을 높은 차원에서 유지할 수 있는 것이다. 싫증이 날만큼 권태로워져서, '쾌락 가운데에서 무엇인가 쓰디쓴 것이 솟아올라온다'는 어려운 시기도 그렇게 함으로써 해결해 나갈 수가 있다. 교양을 쌓는 일은 사랑에 대비하는 일이다.

6. 공통적인 신념

종교적이거나 예술적인 신념을 공유한다는 것은 두 사람 사이의 애정을 놀랄 만큼 강하게 만들어 준다.

열렬한 신념의 소유자는 자신이 믿고 있는 것을 나누어 가지려고 하지 않는 인간은 사랑하지 않는다.

'사랑의 기쁨은 자신 밖에다가 그 근원을 두는것' 이므로 신념을 갖지 않은 사랑은 반드시 불화로 괴로움을 겪게 된다. 그런 경우에 사랑을 구제하는 것은 신념을 갖지 않은 측이 다시없는 재치를 발휘해서 그 상대를 존경하든지 혹은 신념을 가진 측이 상대방이 변하기를 기다린다든지 하는 두 가지 중의 하나가 가능해야 한다. 그리고 때때로 사랑이 변화를 주는 수가 있다.

사랑하는 사람의 신념을 함께 한다는 것은 행복을 약속해 준다. 그때에, 지성과 감성의 모든 힘이 사랑으로 하여금 그가 선택한 길을 향하여 전진하도록 해준다.

사랑으로 이루어지는 행위는 모두가 즐거운 것이다. 학자는 학자끼리, 예술가는 예술가끼리, 전도사는 전도사끼리의 행복한 가정이 거기서 탄생된다. 그들은 부부인 동시에 동료이기도 하다. 그들에게는 구애보다도 사상의 공유가 있다.

싫증나지 않도록 하려면

구애 기간이 짧았든 길었든 온갖 수단과 방법을 통한 순정의 구애를 거쳐 사랑이 태어난다.

그런데 사랑의 나라에서는 어린 아기의 사망률이 높다. 그러므로 태어난 사랑을 기르는 데는 끊임없는 배려가 필요하다.

새롭다는 것은 가장 큰 매력이면서, 가장 심하게 변덕을 부린다. 사랑이 시작될 무렵에는 서로가 서로에게서 발견해야 할 일이 무척 많아진다.

인간은 누구나 청춘 시절의 추억, 그 무렵의 사진이나 노래 또는 재미 있는 일화를 가지고 있고 그런 것과 함께 사랑에 빠지는 얼마 동안은 그저 즐겁기만 할 것이다.

그러나 그러한 감정은 얼마 안 가서 사라지고, 그토록 진지하던 이야기들도 단조롭고 진부하다고 느끼게 된다. 늘 함께 지내는 반려자와 잠시 헤어져 혼자가 되자마자 곧 명랑해지는 남녀는 매우 많다. 반려자에게는 반복해서 이야기하기 어려운 말도 상대가 달라지면 거리낌없이 속 시원하게 털어놓을 수 있기 때문이다.

식당에서 마주 앉아 있는 부부를 관찰해 보라. 말없이 묵묵히 있는 시간은 매우 길며 그 길이는 대부분의 경우 함께 생활한 세월의 길이에 비례하게 된다.

이상의 모든 일은 남녀가 모두 천재적인 소질이 없는 경우에 해당한다. 그것은 연애의 천재적인 소질이란, 남녀

사이에 끊임없는 새로움을 유지하는 데 있기 때문이다. 진정으로 사랑하고 있다면 상대방의 사고를 매일 따라가 보는 것도 즐거운 일이다.

마치 마을의 사제(司祭)에게는 어둡기 전에 정원 오솔길을 걷는 일이 즐거움이듯이, 정절을 선천적으로 가지고 태어난 사람도 있다.

다시 말하면, 사랑에 대해서 극히 높은 이상을 가진 사이라든지, 혹은 소심해서 집에만 있는 사람 등이다. 또는 부부가 모두 타인과 교제를 하거나 경쟁하는 일을 꺼려서, 친근한 가족들에게만 둘러싸여서 외부와도 접촉 없이 살기를 원하며, 그런 안일함에 만족하여 행복해 하는 부부도 있다.

그러나 좀더 강렬한 사랑을 하는 사람들은 필요에 따라 자신을 새롭게 하는 방도를 알고 있다. '날마다 상대방의 호감을 살 수 있는 수단을 모두 사용한다. 그러나 날마다 나를 좋아하도록 해야 하고, 또 현재 그는 나를 좋아하고 있다.'

그것은 이미 의식적인 노력의 한계를 벗어난 것이다. 우아한 사람은 늘 그 우아함을 유지하며 남에게 싫증을 주지 않고, 행동과 말씨에서 보는 사람을 황홀하게 만든다.

늙음도 천성을 손상시키지는 않는다. 아름다운 얼굴은 아주 곱게 나이를 먹는다.

그 옛날 갈색이나 금발의 머리카락 아래에 있던 사랑스런 눈매나 미소짓는 얼굴이 백발 아래 남아 있는 것은 보기만해도 즐겁기까지 하다.

상대방에게 싫증을 느끼지 않도록 할 수는 없을까? 가

장 좋은 비결은 자연스런 자세다. 일부러 꾸미는 행동은 괴롭기도 하지만 결코 아름답게 보이지 않는다.

그래서 현명한 사람은 사랑하는 이에게 자연스럽게 행동하려 한다. 여성을 자기 기호대로 바꾸려 하고 자기의 취미나 사상을 갖도록 만들겠다고 큰소리치는 남자가 있다면, 그는 미친 짓을 하는 것이다.

만일 여성이 자기가 사랑할 만한 사람이 아니라면, 처음부터 좋아하지 말아야 한다. 그러나 일단 그녀를 선택했다면 그 천성을 자유롭게 키워 주고 가꾸어 주는 것이 현명하다.

친구든 애인이든 자연스럽게 눈길이 가는 상대라면 엄숙한 긴장감이나 거짓말 할 필요도 없이 자신을 생긴 그대로 있게 해주는 사람일 것이다.

눈치 빠른 연인 사이라면 둘이 만나는 장소를 자연이 아름다운 곳으로 선택하려고 한다. 그런 의미에서 신혼 여행이라는 도리에 맞는 관습이 생긴 것이다. 물론 굳이 먼 곳까지 갈 필요는 없다.

사랑에 빠진 여인은 본능적으로 자신의 힘으로 사랑의 무대를 만들어 놓는다. 자연과 예술의 모든 매혹적 아름다움을 발하는 훌륭한 방법을 터득하고 있는 여성도 있다. 그러한 여성은 상대방이 단둘이 있기를 원하는지 혹은 연주회나 산책을 원하는지 그때그때의 상황에 따라 예리하게 판단한다.

남성은 사회 활동으로 바쁜만큼 여성이 사랑의 보금자리를 맡아서 준비해야 할 것이다.

한편, 남성은 이렇게 상냥한 여성이 싫증나지 않게 하려면, 여성의 일생에서 사랑이 차지하는 부분이 얼마나 큰가를 이해해야 한다.

철학이나 주의 주장의 차원에서 여성의 사고방식을 경멸하는 남성만큼 어리석은 것은 없다.

여성의 사고방식은 남성과 달라서 좀더 구체적이고 단순하며 분별 능력이 풍부하다. 사랑하는 여성과 말다툼을 하게 된 경우에는 따지고 설득하려 들기보다는 침묵과 인내로써 그녀의 마음을 달래야 한다.

여성은 남성과 달라서 꽤 오랜 기간을 신경에 좌우된다는 것을 기억해야 한다. 여성의 신경이 흥분되어 있고, 병으로 육체적인 고통을 호소하는 데 불과한 것을 본성이 나쁘다고 생각하는 남성은 모처럼 이루어진 사랑의 결실을 파괴하는 일을 만든다.

여성의 마음이 움직이는 것은 흔히 대양(大洋)에 비유된다. 이해심이 많은 남편은 결코 아내에게 화내는 일이 없다. 마치 폭풍우 속에서 배를 조종하는 선원같이 돛대 밧줄을 늦추어 놓고 적당한 시기를 기다린다. 파도가 높아져도 바다를 사랑하는 마음에는 변함이 없는 것이다.

상대방이 싫증을 느끼지 않도록, 남녀 모두가 함께 노력을 게을리하지 말아야 할 것이다.

그러한 노력을 위해서는 첫째, 서로 친해진 다음에도 처음 만났을 때와 같이 예절을 지켜야 한다.

훌륭한 가문에서 태어난 사람이라면, 예의와 자연스러움이 양립할 수 있을 것이다. 우아한 말씨로도 무슨 말이든지 다 할 수 있다. 거친 말씨만이 진실을 표시할 수 있다는 생각은 커다란 착오다.

둘째, 어떠한 경우라도 유머를 잃지 말고 자기 자신을 조소하지 말며, 의견의 사소한 차이점은 별일 아니라는 여유를 가지고 서로의 불평불만을 심각하게 생각하지 말아야 한다.

셋째는, 질투심의 표현이 너무 지나치지 말아야 한다는 것이다. 즉, 자만심과 시기심을 버려야 한다.

넷째로는, 가끔씩 떨어져 있음으로 해서 새로운 결정작용을 촉진하는 일이다.

이것은 매우 위험한 일이지만 그 기간이 짧고 서로의 편지 왕래가 있다면 유익한 기회가 될 수 있다.

마지막으로, 언제까지나 로마네스크한 마음가짐을 상실하지 말아야 한다는 것이다.

'자기 것으로 만들어 버린 여성에게 또 구애할 필요가 있는가? 그것은 상대방이 내 곁에 있으면서도 있지 않은 것이고 앞으로 계속 내 곁에 있지 않겠기에 그러한 것이다.'

이 말은 떠나 버릴 경향이 있는 여성에게는 충분하고도 곰곰하게 생각해 볼 주제인 것이다.

그러나 아무리 싫증이 나지 않도록 하는 기술이라도, 한쪽에서 먼저 싫증이 나고 만다면 소용이 없다. 도대체 상대방에게 싫증을 느끼지 않도록 하는 기술은 무엇인가?

세상의 모든 일들과 마찬가지로 여기서도 소재를 만드는 것은 자연의 힘이지만 그것을 구성하여 완성하는 것은 의지의 힘이다. 남녀 모두 탄생부터 변덕스러운 것은 아니다.

애정 생활의 최초에 있었던 사건들이 그렇게 만든 것이

다. 정열가의 반려자로 어울릴 사람이 그만 냉담한 사람으로 되는 수가 있다.

그러한 경우 도덕적이고 신의를 중히 여기는 사람이라면 정절을 지키며 불행한 일생을 보낼 것이고 비도덕적인 사람이라면 외도를 하고 마음이 들떠서 침착성을 잃게 될 것이다.

그러나 그것은 적절한 반려자를 만나지 못한 때문이고 일단 진정한 반려자를 만나게 되면 그 사람은 곧 일변해 버린다.

많은 추문을 만들던 사람이 갑자기 건실하게 변하는 일이 있는데 그것은 그에게 꼭 맞는 반려자가 발견되었기 때문이다.

지금까지는 육체적인 바람기를 말한 것이고 심리적인 바람기라는 것이 또 있다. 돈 환 같은 남성이 늘 욕망이 강하다고 단정할 수 없고 돈 환 같은 여성이 종종 냉감증인 경우가 많다. 그들이 이성을 공략하는 것은 자존심이나 상상의 쾌락을 위해서이다.

자존심을 달래지 않으면 안 되는 것은 스스로 믿음을 상실했을 때이다.

바이런은 첫사랑의 소녀로부터 '저런 절름발이 아이는 흥미가 없어'라는 말을 듣고 일평생 복수를 갈망했던 것이다.

어린 시절에 밉다는 말을 들은 이유로 남의 가정을 닥치는 대로 파괴해 버린 여자도 있다. 자신을 다시 찾기 위해서는 자신의 힘을 증명하는 것이 늘 필요하다. 늘 공상에 빠져 있는 사람은 현실에서 격리된 사춘기의 산물이라고 할 수 있다.

샤토브리앙의 여성 편력증은 사춘기에 욕망을 가졌으면
서도 그것에 대한 만족을 허용하지 않았기 때문에, 여성을
하나의 이상적 형태로 만들어 평생을 허무하게 그것만 추
구했다.

이렇게 해서 샤토브리앙은 언제나 환멸을 씹으면서 이
여자 저 여자에게 옮겨 다녔는데 마침내 어느 날 다가오
는 늙음 때문에 그도 욕구가 적어져서 진정으로 사랑한다
고 여겨지는 여성을 만나 몸을 의지하게 된다. 주리엣 레
카미에가 바로 그 여성이다.

이러한 심리적인 바람기에 대해서는 승려나 의사의 힘
이 종종 효과를 가져온다. 이러한 경우, 일단 병의 성질과
원인을 이해하기만 하면 그 병으로부터 해방되어 있다고
하는 일이 흔히 있기 때문이다.

그러나 아무리 노력해도 병을 고치기 어려운 사람은, 될
수 있는 대로 다른 좋지 않은 일에 관심을 갖지 않도록
해야 한다.

변덕스러운 기질은 때로는 우아한 것이기도 하다. 그렇
다고 해서 그 변덕의 만족을 위해 오래 계속되는 정열을
식히는 것은 어리석은 일이다.

욕망을 정화하기 위하여

진정한 성덕(聖德)은 법열에 잠기는 일이나 고행을 거듭하는 것이 아니고 내면의 겸양과 유화와 자비로운 마음에 있다.

마찬가지로 위대한 사랑은 욕망의 격렬함에 있는 것이 아니고 일상 생활 속에서의 완전하면서도 지속되는 마음의 조화에 있는 것이다.

유브랑 신부의 이야기에 의하면, 어느 날 한 젊은 여승이 성녀 테레사를 찾아와 성덕에 대한 가르침을 구했다. 여승은 성녀 테레사가 신의 계시를 받은 체험에 대해서 이야기할 것이라고 생각했는데 그녀는 새로 만들어진 시설이 있는 곳까지 따라오라고 말할 뿐이었다.

그리고 그 여승은 그 시설 안에서 수개월을 지내는 동안 곤혹과 실망 그리고 좌절과 불행 또한 노동 등을 겪을 뿐이었다.

마침내 그 여승은 결심하고 물었다. 언제까지 지내면 성덕의 가르침을 받을 수 있는가를 묻자 아비라의 테레사는 대답했다.

"성덕이라고요? 그것은 우리가 이 시설 안에서 겪은 것과 똑같은 생활이 매일 반복되는 인생을 인내와 사랑으로써 참고 견디어 나가는 일입니다."

행복한 연인들에게 있어서 태양의 밝은 빛은 감미로운 지복감(至福感)에 젖게 하고 하늘은 맑게 개어 있기 때문에 구름이 끼고 흐린 날씨로 변한다는 것은 상상도 못한다. 들 가운데 있는 초라한 마을도 빛나는 태양 아래서 환상적인 신기루로 모습을 바꾼다.

이러한 아름다운 나날과 그것의 반복을 기대하는 마음이 있기에 폭풍우 몰아치는 수개월을 참고 견디는 힘과 용기가 솟아나는 것이다.

그러나 여름이나 욕망은 자연이 정해 놓은 한계 이상으로 계속되지 않기 때문에 우리는 배우지 않으면 안 된다. 회색으로 변한 하늘이 매일 계속되고 안개가 끼는 가을과 겨울의 기나긴 밤을 사랑할 수 있어야 한다.

아벨보나르는 말하기를 "아름다운 애정이란 정장할 때 입는 외투와 같은 것이다. 겉은 호화 찬란한 꽃무늬를 놓은 값진 비단이고 속은 아무런 무늬도 없다.

그러나 그 안감의 색조는 매우 아름다운 것이어서, 오히려 안을 겉보다도 더 좋게 생각하게 될 것이다"라고 했다.

사랑이 이루어짐으로써 생기는 행복은 도대체 무엇으로 형성되어 있을까? 그것은 신뢰와 습관과 존경에서 나온다.

대부분의 인간은 기대를 배반한다. 그러나 꾸밈이 없는 자연스러운 행동에 의해 타인을 실망시키지 않고 모든 면에서 남들의 기대에 어긋나지 않으며 자신이 아무리 고통스러워도 남을 버려 두지 않는 그런 사람과 만나는 행복도 있는 것이다.

그들은 신뢰라는 멋진 감정을 알고 있다. 이들에게는 매일 잠깐 동안이라도 경계하지 않아도 될 상대가 적어도 이 세상에 한 사람은 있다. 위축되지 않고 자유로울 수 있으며, 몸과 마음을 다 보여 줄 만한 상대가 있는 것이다.

신뢰할 수 있다는 것은 안심할 수 있다는 말이다. 그래서 이 신뢰감은 애욕에 못지 않게 상대방의 조그만 행동 조차도 매력적으로 보이게 한다.

젊을 때에는 단 둘만이 있게 되는 순간이 오면 포옹하던 남녀가 지금은 그 순간을 각자의 속마음을 털어놓는 시간으로 사용한다. 지금은 산책하는 것이 지난날의 밀회만큼 중요하게 여겨진다.

둘은 서로 이해하고 있다는 것을 알 뿐만 아니라 기분과 마음까지도 다 짐작하고 있다는 것을 안다. 같은 일이 동시에 둘의 마음 속에서 작용하는 것이다.

상대방의 슬픔을 내 육체의 아픔으로 감지한다. 상대방을 위해서는 목숨을 버릴 수도 있다는 것을 서로가 알고 있다.

완전한 우정도 이러한 감정을 솟아나게 할 것이다. 그러나 자기를 아낌없이 주는 우정은 그리 흔하지 않다. 그에 비해 크나큰 사랑은 극히 평범한 사람도 남을 꿰뚫어 보고 헌신하며 신뢰하는 마음을 갖도록 하는 것이다.

행복한 부부가 연애의 결실을 이루어 살아가는 모습은 표현하기가 쉽지 않다. 행복의 심포니는 천재적인 작곡가의 손에서 지극한 미(美)로 이루어진다.

〈파르시팔〉 전주곡은 사람의 영혼을 순수하고 높게 한다. 저음에서 고음으로 높아져 가는 곡조, 거기에다 프랑크의 〈지복(至福)〉과 포레의 〈진혼곡〉, 이러한 음악이 사람의 하모니를 멋지게 펼치고 그 자연스럽고 힘찬 크레센토를 보다 잘 표현하고 있다.

그리고 여기에 사자(死者)를 위한 미사곡을 드는 것은

다만 죽음만이 이 완벽한 사랑의 유일한 불협화음을 이루기 때문이다.

코분트리 파토모아는 오랫동안 행복을 맛보다가 사랑하는 아내의 죽음 앞에서 슬퍼하며 당황하는 남편을 묘사한 훌륭한 시(詩)를 지었다. 남편은 괴로움과 탄식이 섞인 그러나 부드러운 어투로 죽은 아내를 책망한다.

'항상 기품이 넘쳤던 우아한 그대에게 이토록 어울리지 않는 일이 있겠는가? 아! 사랑하는 그대여, 저 7월 오후의 일을 후회하지는 않는가?

단 한 번의 입맞춤도, 단 한 번의 안녕도 없이 겁먹은 눈으로 알아듣기 어려운 말을 남기고 저 기나긴 여행을 떠나던 그 오후의 일을…. 진정 그것은 기품있고 우아한 그대에게는 어울리지 않는 일이었으니….' 단 한 사람에게 모든 생을 바친다는 것에는 사랑의 고귀함과 동시에 위험도 있다. 인간의 생명은 이토록 덧없는 것이다.

그러나 크나큰 사랑에 대해서는, 죽음도 무력해진다. 어느 날 스페인에서 만났던 한 늙은 농부의 아내는 이러한 이야기를 하였다.

"내가 이 나이에 무슨 불평이 있겠습니까? 물론 나에게도 괴로운 일이 많았답니다. 나는 스무 살 때 한 젊은이를 사랑했지요. 그도 나를 사랑했고, 우리는 결혼했습니다…. 그는 몇 주 후에 죽었습니다…. 그러나 나는 행복이란 것을 알았습니다.

그로부터 50년 동안이나 나는 그 추억을 갖고 살았습니다." 고통과 고독이 엄습하는 가운데서도 부족하지만 완전한 과거의 날들이 추억 속에 있다는 것은 표현할 수 없을 만큼 커다란 위로가 된다.

그림자 조차도 볼 수 없는 애정, 명상에 잠길 때, 혹은 꿈 속에서 애정을 느끼게 하는 부드러운 그의 모습, 그들은 위대한 예술 작품이나 신앙과도 같이 인간에게 인고할 수 있는 힘을 준다. 본능과 본능의 순간적인 충돌에서 지고한 불꽃이 일어나는 것이다.

'연애는 분석가를 필요로 하지 않는다. 다만 시인을 구하고 있을 뿐이다.' 스탕달의 책 속에는 사랑의 비결이 없다. 그 자신도 종종 말하듯이 그 비결은 모차르트 안에 있다.

그러니 음악회로 가라. 저 맑은 가락과 매혹적인 하모니에 귀를 기울여 보라. 만일 당신의 사랑이 그 음악보다 불협화음을 이룬다면, 그것은 아직 그대가 사랑하는 기술을 알지 못하는 까닭이다.

여러 가지의 주제가 모였어도, 불협화음의 그림자조차도 찾을 수 없는 멋진 조화와 지고한 화합을 발견한다면, 정녕 그대는 살 만한 가치가 있는, 세상에서 드문 체험을 하는 것이다. 그토록 위대하고 크나큰 사랑을…

4

일의 보람

'일하다 ― 수고를 해서 일을 하는 것.'

리트네 사전을 보면 일하는 것의 의미를 이렇게 말하고 있다. 그러나 이 정의가 매우 잘된 것이라고는 생각지 않는다.

왜 '수고하는가?' 기뻐하며 일한다는 말은 성립되지 않는가. 사전을 덮고 현실적인 예를 들어 보자.

유리 제품을 만드는 사람이 있다. 그는 모양이 형성되지 않은 유리 덩어리를 받아서 그것을 가지고 사람들에게 유용한 형태를 만드는 일을 한다.

광부의 경우는 어떠한가? 그는 원자재(석탄 또는 쇠)를 파내서 힘과 열과 도구로 변형시키는 사람들에게 넘겨 준다.

농경을 하는 사람은? 그는 땅을 개간하고 씨를 뿌릴 수 있도록 고르고 그곳에 씨를 뿌린다.

소설가는 무엇을 하는가? 그들은 유리 가공 직공이 모양이 없는 유리 덩어리에서 예술 작품을 끌어내듯이 인간 세상을 관찰한 재료를 가지고 이야기 형태로 만든다.

초등학교 어린이들의 경우를 보자. 자신보다 앞에서 살았던 인류에 의해 습득된 지식을 자기의 것으로 얻기 위해 공부한다.

　일하는 것, 그것은 자연이 주는 재료, 또는 자연 그대로
의 인간을 변형하고 움직여서 보다 쓸모있고 아름다운 것
으로 만드는 작업이다. 그것은 또한 그러한 변형화의 법칙
을 연구하고, 변형의 작업을 준비·지도하는 것이기도 하
다.

요령있게 일하기 위하여

인간의 일은 수없이 많고 다양하지만 일하는 사람이면 누구나 지켜야 할 몇 가지의 공통적인 주의사항이 있다.

1. 몇 가지 가능한 일 중에서 한 가지를 선택할 것

인간의 육체와 두뇌의 힘은 결코 아무것도 하지 못한다. 자신은 무엇을 해야 적당한가를 분명히 알지 못하는 사람이 '나는 대음악가가 될 수 있을지도 몰라' 라고 했는가 하면 '장사를 하면 잘 될지도 몰라' 라고 하고, 또 다음에는 '정계(政界)로 들어가면 꼭 성공할거다' 라고 말하기도 한다.

하지만 이들은 예술계·실업계·정계 모두에서 낙오자가 되고 말 것이다. 나폴레옹은 전쟁에 있어서 가장 중요한 점은 어느 한 곳으로 최대의 힘을 모으는 것이라고 말했다.

인생에 있어서도 목표점을 하나 선택하여 그것을 향해 힘을 집중시키는 데 있다. 일평생을 걸어가면서 되는대로 마구잡이로 선택해서는 안 된다.

인생의 출발점에 서는 사람은 자신이 어떤 일에 쓸모가 있고 또한 어떤 일에 알맞는지 스스로 묻지 않으면 안 된다.

단 한 번 선택한 길은 뚜렷이 오류를 발견했다든지 중대한 사고가 생기지 않는 한 결코 후회해서는 안 된다.

선택한 직업 중에서도 또 새로이 선택할 일이 필요하게 된다. 한 사람의 작가가 모든 방향의 소설을 쓸 수 없으며, 한 사람의 정치가가 모든 행정 기구를 개선할 수도 없으려니와 여행가라 해도 모든 나라를 다 여행할 수는 없는 것이다.

그렇기 때문에 단호한 의지로 인간의 힘에 겨운 수많은 유혹을 배제하고 유익한 만큼의 넉넉한 시간을 가지고 신중히 생각해야 한다.

그러나 마냥 시간을 낭비하고 질질 끌어서는 안 된다. 군인은 작전 명령의 결과를 충분히 검토하고 나면, '실행에 옮겨라!' 하고 호령함으로써 논의의 결말을 짓는 것이 상례다.

'내년에는 무엇을 할까? 늘 시도해 보던 시험을 위해 공부할까? 아니면 딴 시험을 볼까? 차라리 외국에나 나가 볼까? 공장이라도 들어가 볼까?' 라는 등 심중에서 일어나는 의론 역시 너무 긴 시간을 끌지 않고 결말을 짓는 것이 좋다.

물론 문제를 충분히 검토하고 시간을 한정해 놓은 다음 결정하는 자세가 필요하다. 그리고 일단 결정을 내렸으면 실행으로 옮겨라. 후회는 무익하고, 변경은 한이 없다.

선택한 길을 지키기 위해서는 때때로 일의 계획표를 만들어, 원대한 목적과 비근한 목표를 적어 보는 것도 좋다. 수개월 후, 또는 수년 후에 그것을 돌이켜 보면 자신의 능력과 한계를 잘 알 수 있다.

다만 거기서 필요한 것은 계획한 항목 중에서 맨 처음에 행동으로 옮길 당면 목표를 분명히 해야 한다는 점이다.

그리고 온갖 주의력을 그곳에 집중시켜야 한다. 네가 지금 꼭 해야 할 일을 하라! 일심전력으로 그 일에 매진하라! 전심전력을 목적하는 곳에 바쳐라! 그리고 그 목적이 달성되는 날, 걸어온 길을 뒤 돌아서서 먼저 가로질렀던 또 하나의 길을 가 보고, 주변의 경치를 감상하는 것도 좋은 일이다. 그러나 일이 완성되지 않는 한, 결코 곁눈질이나 한눈을 팔아서는 안 된다.

관심의 폭이 넓은 사람은 타인에 의해 좋게 평가되기도 한다. 무엇인가를 하고 있거나 일을 완성시키는 사람은 한때에는 한 가지 일밖에 흥미를 갖지 않는다.

미국인이 One track mind 라고 부르는 인종, 즉 오직 한 방향의 길만 가는 사람은 종종 그 집요함이 비위를 거슬리게도 하지만, 그들이 반복하는 공격은 그 어떤 장해물도 반드시 철거하고 마는 것이다.

2. 성공하리라고 확신을 가질 것

올바른 목표란, 돌발적인 사고가 없는 한 자신의 힘으로 도달할 수 있는 것을 말한다.

도저히 실현할 수 없는 것을 목표로 삼는 것은 무익할 뿐 아니라 위험하며 결국은 좌절하여 의욕을 잃고 신념을 상실하게 된다.

단테는 젊은 시인에게 조언하기를 대서사시보다도 짧은 시가를 쓰라고 권고했다.

또한 사무엘 버틀러는 "포도송이는 제일 맛이 좋아 보이는 알부터 먹어야 한다" 라고 말했다.

방대하고 복잡한 일 일수록 쉬운 곳에서부터 손을 대는 것이 현명하다.

단숨에 달려서 도달할 수 없는 긴 도정(道程)이라면 그 것을 몇 개의 행정(行程)으로 구분해서, 그 한 구분마다 전력을 다하고 맨 끝은 보지 않는 편이 옳다.

등산가를 보자. 그들은 눈앞의 빙벽에 찍어 놓은 발판만을 노려볼 뿐 쓸데없이 정상을 올려다보거나 절벽을 내려다보지 않는다. 정상까지의 거리를 생각해서 미리 겁을 내거나 절벽의 깊이를 재어 보며 무서워해서는 안 되기 때문이다.

한 나라의 전역사(全曆史)를 기록하는 일은 얼핏 인간의 힘을 초월한 계획이라고 생각될 수 있다. 그러나 그것을 몇몇 시대로 구분해서 그 중의 한 분야, 자신이 제일 잘 연구한 분야부터 착수하고 그리고 나서 그 다음 분야의 시대로 나아가는 방법을 택하면 그 노작(勞作)은 완성될 것이다.

타고 넘은 빙벽을 보고 등산가 자신도 감탄할 것이며, 그러한 고통을 몇 번씩 반복하는 동안에 용기는 샘솟고, 호흡은 안정될 것이다.

책을 몇 권 정도 써본 작가는 착수하는 책의 완성을 확신하여 마르탱뒤 가르나 뒤아멜, 주울 로망 등의 거봉과 같은 대작에 도전할 수 있다. 반드시 그 정상을 정복할 날이 있음을 확신하고 있는 것이다.

리요테가 모로코에 도착했을 때 그곳은 지도할 만한 지도자도, 경제적인 곳도, 군대도 상실한 채 어수선하고 엉망이었다. 누구라도 그곳의 질서를 회복하기란 도저히 불가능하다고 절망했을 것이다.

그러나 리요테는 우선 라발 훼쯔 등 그가 장악하고 있는 도시의 지배권을 확고히 굳히는 일부터 착수하여 그것을 중심으로 한 부족에서 또 다른 부족으로 세력의 굴레를 확장해 나가는 침투 작전을 폈다. 그것을 가지고 오랜 기간 노력을 거듭한 결과 마침내는 그 분열을 거의 다 청산할 수 있었다.

마찬가지로 '풀을 깎는 사람은 들의 끝은 보지 않는다' '가정주부는 대청소를 시작하면 찬장의 한 칸 한 칸을 치워 나간다'는 말이 있다.

경박한 사람은 무엇이나 간단하게 끝내 버리는데 그 결과는 돌이킬 수 없는 파탄을 몰고 온다. 소심한 겁쟁이는 모든 일을 불가능하다고 생각하여 처음부터 체념하고는 아무것도 하려 들지 않는다.

그러나 훌륭한 기술자는 힘든 일이라도 하면 된다는 신념으로 하나씩 하나씩 신중하게 착수한 일을 완성시켜 나간다.

3. 일에는 규칙이 필요하다

인생이 짧음을 탄식하는 사람들이 있다. 과연 그들은 하루에 여덟 시간만이라도 진정으로 살고 있는 것일까?

만일 인간들이 매일 해돋이부터 각자의 작업을 시작한다면 그들이 해놓은 일의 분량은 놀랄 만한 것이 된다.

하루에 겨우 2페이지밖에 쓰지 않는 작가라도 그것을 계속해 나간다면 오랜 일생에서 재능적인 면은 접어두고라도 분량에 있어서는 발자크나 볼테르의 전작품(全作品)

에 필적할 수 있을 것이다.

일의 능률은 노동이 중단되지 않으면 그만큼 등비급수적(等比級數的)으로 증대되는 것이다. 단속적으로 한 일에는 반드시 중단했던 자리가 남는 법이다.

그러므로 일을 하는 사람에게 있어서 남의 시간을 빼앗는 자, 몽테를랑의 시간을 먹는 인종, 몰리에르의 귀찮은 놈들을 몰아내는 일은 하나의 의무다.

이 인종은 인정 사정도 모른다. 상대방이 항거하지 않는다 싶으면, 최후의 1초 까지도 먹어치우고, 자기가 훼방하지 않으면 상대방이 중요한 일을 할 수 있다는 것을 생각하거나 눈치를 보고 사양하는 일은 전혀 없다.

이 시간을 먹고 사는 인종이 더욱 뻔뻔스러워지면, 선전포고가 붙는 날 일부러 참모총장에게 나타나 자기 집 문지기의 군적(軍籍)에 대해서 보고하기도 한다. 찾아왔구나 생각하면 이번에는 전화를 걸고 편지까지 보낸다.

그들에게 선의나 인내보다는 냉랭하고 쌀쌀맞게 대해야 한다. 그들을 집 안으로 들어오게 하는 것은 그야말로 자살 행위다.

과연 괴테는 그 방면에서도 배울 만한 스승이다. 그는 이렇게 말했다.

"예고도 없이 쳐들어오는 버릇은 절대로 그냥 두어서는 안 된다. 그들은 모두 자기 일에 관심을 가져 달라고 부탁할 뿐이다. 그들의 방문을 받는 것은 내 자신의 걱정도 해결하기 어려운 형편인데 나와는 관계없는 불필요한 걱정을 짊어지는 것일 뿐이다."

또한 이렇게 말했다. "세상을 위해서 무언가 하려는 사람은 세상 일에 빠지지 않도록 주의해야 한다" 라고.

이 자기 방위가 정당한 이유는 내 자신의 일이 실패로 돌아갔다면, 세상 사람들은 세상에 지나칠 정도로 아부했기 때문이라고 비난할 것이기 때문이다.

시간을 먹는 인종은 말한다. "그렇게 외출만 하다 보면 일에는 등한하게 됩니다" 라고. 그리고 나서 "내일 만찬에 초대하니 꼭 오세요" 라는 말을 한다.

앞의 교훈만 받아들이고 저녁 초대는 사양하는 것이 현명하다.

괴테의 집에 경고를 무시한 귀찮은 존재의 인간이 들이닥쳤다하더라도, 주인의 냉정함에 부딪치면 곧 의기쇠진해서 기가 꺾이고 만다.

괴테는 양 팔을 등 뒤로 돌려 뒷짐을 진 채 잠자코 입을 다물고 있다. 찾아온 사람이 높은 사람이라면 기침을 하면서, "흠…흠…"하기를 계속한다.

그러면 대화는 끊어지고 만다. 또한 받은 편지는, 무엇인가를 요구하는 편지와 무엇을 제공하려는 편지로 나누는데, 그 제공하는 것이 자신에게 일보 전진의 계기가 될 수 있다면 비로소 그 답장을 썼다.

그리고 답장을 쓰면서도 "아아! 자네들 젊은이는 시간의 가치를 모른단 말이야" 라고 했던 것이다.

사람들은 그의 행동이 너무도 심한 이기주의라고 말할지 모른다. 훌륭한 사람이라도 꼭꼭 편지의 답장을 보내는 경우가 많고, 쳐들어오는 귀찮은 존재 중에는 관심과 동정, 그리고 애정을 쏟아 줄 만한 가치가 있는 인간이 있을 수도 있는데! 라고….

사실 괴테를 두고 어딘지 비인간적인 느낌을 가졌다고 비난하는 사람들이 많다. 그러나 이 비인간성 때문에 그는 우리들에게 〈파우스트〉와 〈빌헬름 마이스터〉를 남길 수가 있었던 것이다.

남에게 시간을 빼앗기는 대로 맡기고 있는 사람은 자기 작품을 쓰지 못하고 죽는다. 자신의 일에 격렬한 정열을 품고 있는 사람은 다른 사람에 대해서 그 일에 유익한 것만을 가져오도록 요구한다.

자신이 할 수 있는 일로써 유익하고 쓸모가 있다면 거절하지 않는 게 좋으나 쓸데없는 말장난이나 하는 대화의 자리나 집회는 피하는 것이 현명하다.

괴테는 자신이 그곳에서 아무 일도 할 수 없는 시사 문제에는 관심을 갖지 말라고 이른다. 그것은 조국을 위해서도 쓸모가 없고 시간만 낭비하는 일이 된다. 단 한번 뿐인 우리들의 짧은 인생에는 더욱 그러하다.

4. 일하는 데는 감정의 규제가 필요하다

일의 규율은 괴테의 경우 감수성의 규제에까지 미치고 있다.

인간에게 있어 감정의 움직임은 오히려 자연스럽기 때문에 반드시 일을 위해서 감정을 희생하라고 할 수는 없지만, 다음의 두 가지 규칙만은 잘 알아서 지켜야 한다.

첫째는, 진심을 동반하지 않는 혹은 과장된 감정 폭발 때문에 일의 집중력이 흩어져서는 안 된다는 것이다.

둘째는, 모든 것을 희생하고 착수할 것이다. 소설을 완성시키기 위해서 목숨을 바쳤던 프루스트가 그 좋은 예이다. 전시하(戰時下)에서, 혹은 중대한 위기에 즈음하여, 지도자가 해야 할 일도 또한 그것이다.

죠프르 장군은 자신을 향해 감수성을 가질 권리가 없다고 말했다. 그러한 그에게 냉혹한 사람이라고 탄식한 친구도 있으나 그 냉혹함이 마르누 강의 탈환을 가능케 한 것이다.

5. 큰 일을 하는 사람은 대부분이 세상을 벗어나 숨어 사는 방법을 터득하고 있다

즉 시골에 별장이 있다거나, 산에 움집을 갖고 있다거나 혹은 사람의 발길이 없는 해변에서 세상과의 여하한 관련도 애정이나 우정의 교제까지도 끊고 지내 본다.

그리고 나서 비로소 여러 가지 사건이나 감정이 넓은 전체도(全體圖)중에서 어느 만큼의 위치를 차지하는가를 판단한다.

대도시의 소란 속에서는 조그마한 사건이나 신문기사나 소문 등이 중대사 같이 여겨지기 쉽다. 그래서 일이나 좀 더 중요한 마음의 움직임이 차지해야 할 장소를 빼앗아 버리는 것이다.

그러나 서서히 회전하는 별이 빛나는 밤하늘 아래에서는 하찮은 일들은 어둠 속으로 물러나 마침내 시야에서 벗어나게 된다.

그러면 밤의 정적과 영혼의 침묵 속에서 자질구레한 것, 시시하고 치사한 것을 모두 쓸어낸 깨끗한 넓은 지면에 항구적인 대건축물의 기초가 놓여지는 것이다.

"오오, 고독이여, 내가 비천한 인간이 되지 않은 것은 오로지 자네 덕분일세" 라고 바레스는 말했다.

한 가지 더 첨부해서 말한다. "오오, 고독이여, 내가 약한 인간이 되지 않았던 것은 자네 덕분일세."

사장과 사원 그리고 비서

지금까지는 자기가 자신의 일을 선택하고 그것을 계속 실행하거나 포기하거나 자유인 사람의 경우를 말했다.

그러한 사람이 스스로에게 규율을 부과하지 않으면 안 된다는 것은, 만일 그렇게 하지 않으면 그 누구도 규율을 부과해 주지 않기 때문이다.

그런데 여기서 말하려는 것은 자기 자신은 창조하거나 지도하는 입장이 아니고 그러한 일을 하는 사람을 도와주는 역할을 하는 사람들의 입장이다.

부관, 참모장, 비서실장, 비서 등이 그것이다. 이러한 직업에는 나름대로의 특수한 규칙이 작용한다. 거기에서 요구되는 것은, 위에 있는 사람이 안(案)을 세우고, 그것을 실행할 때 그 실행이 용이하게끔 도와 주는 일이다.

그러기 위해서는 다음의 몇 가지 소질이 필요하다.

1. 겸양(謙讓)

단체의 일원으로서 윗사람을 섬기는 데는 자만심이 강해서는 안 된다.

자아가 강한 사람은, 자신의 생각이 윗사람의 생각과 다르면 어떻게 해서라도 윗사람이 결정한 일을 자기 생각에 가까워지도록 바꾸기 때문에 명령의 실행은 늘 위험을 동반한다. 이것은 윗사람을 신뢰함으로써 단체가 하나로 통합되는 것이 필요하기 때문이다.

물론, 존경하고 승복한다는 것이 예속을 의미하지는 않는다. 참모장이나 비서실장은 착오든지 사실이든지 간에 상관이 중대한 잘못을 저지르고 있다고 보일 때에는 용기를 내어 그것을 지적해야 한다.

그러나 그러한 형태의 협력 관계는 솔직한 곳에 뿌리를 내린 진심에서의 숭배와 변치 않는 헌신이 없다면 결코 효과를 거두지 못한다.

장군이 자신보다 경험이 풍부하고 판단력도 충분하다고 인정하지 않는 부관이 있다면 그 복무는 원활할 수가 없다. 아랫사람이 윗사람을 비판하는 것은 어쩌다 있어야지 그것이 항상 있어서는 안 된다.

페탕 원수의 담화 중 다음과 같은 것이 있다.

대전중, 참모장교로 새로운 사관이 추천되어 오면 원수는 그를 전쟁터로 데리고 가서 지형을 바라보며 전술 문제를 하나 내고 이어서 스스로 답을 말한다.

만일 그가 예스 맨이어서 원수의 해답을 모두 찬성한다면 원수는 그를 도로 쫓아 보냈다.

반대로 경의를 표하면서도 분명하고 확고하게 원수의 생각을 비판한다면 원수는 그를 칭찬하고 채용했던 것이다.

원수는 이어서 말했다. "난처한 일은, 이 일이 얼마 후 군대 전체에 소문이 나서, 내가 말만 하면 부관들은 모두 '아닙니다 원수각하. 그것은 틀립니다' 라고 기세좋게 말하게 됐단 말이야.

마침내 나는 그 중 한 사람에게 크게 화를 내고 말았지. 그 부관은 나에게 실컷 혼나는 지경에 이르렀어…. 그래서 이 시험을 다시는 안 하기로 했던 거야."

자기 의견이 분명히 옳은데도 윗사람이 완고하게 받아들이지 않는 경우는 어떻게 처신해야 하는가?

공무원이든 군인이든 원칙적으로는 자신의 의사가 아니라는 점을 명백히 한 뒤에 상관의 명령을 실행해야 한다.

규율이 없는 곳에는 협동적인 일이 없다.

만일 사태가 극히 중대해서 국가의 장래나 한 군단 혹은 기업의 장래를 영구히 망치게 될 위험한 일이라면 사표를 낸다는 수단이 있다.

그러나 그것은 어디까지나 최후의 수단일 뿐이며 자신이 아직 쓸모가 있다고 생각된다면 머물러 있어야 하는 것이다.

때로는 사표를 암시적으로 하는 것만으로도 충분할 때가 있다. 물론 그것이 빈번하게 행해진다면 효과가 적어질 것이다.

아직 젊은 중대장이었던 리요테가 처음으로 갈리에니 대령의 지휘하에 들어갔을 때 대령은 그에게 사표 내는 방법을 가르쳤다.

갈리에니 대령은 인도지나의 총독이 그의 요구대로 명령하지 않을 때마다 사표를 보냈다. 대령은 없어서는 안 될 사람이었으므로 사표는 수리되지 않고 결국 그의 요구는 받아들여졌다.

그 후, 마다가스칼에서 리요테는 최고사령관 갈리에니를 모시게 된다. 어느 날 두 사람 사이에 의견 충돌이 있었는데 리요테가 갈리에니에게 사표를 보냈다.

며칠 후 사표는 반려되었는데, 그 사표 여백에 이렇게 쓰여 있었다. '나에게는 통용되지 않네—갈리에니.'

2. 유연성(柔軟性)

참모장이나 비서실장·비서 등은 상관의 사고 리듬과 일하는 방식에 보조를 맞추지 않으면 안 된다. 때때로 주문을 외우듯 명령을 내리는 상관이 있는데 그때에는 그 말을 번역해서 실행에 옮겨야 한다.

베이컨은 그런 식으로 포슈의 명령을 전달했다. 또한 미래의 암흑을 일순간 비추는 아주 기본적인 방침만을 생각하는 상관의 경우, 참모는 그 총괄적인 방침에서 하나하나에 대한 지령을 끌어내야 한다.

베르테는 그런 식으로 나폴레옹 황제의 안(案)을 군대 행동으로 옮겼던 것이다. 상관이 변덕스러운 사람이라면 그 때문에 실망하여 의기소침했거나 화를 내는 사람을 위로하고, 방문자에게는 피해야 할 화제를 귀띔해 주는 것도 참모장이나 비서실장의 역할인 것이다.

제 1차 세계 대전중, 한 영국인 장군의 통역으로 따라다닌 일이 있다. 이 장군은 매우 우수한 지휘관이었고 천성이 좋은 사람이었는데 어딘지 우울하고 까다로웠기 때문에 사관들은 그를 '우울 장군'이라고 불렀다.

그러나 어찌된 일인지 나는 장군의 마음에 들어 그의 노여움을 산 일도 없고 매우 친밀한 대접을 받아서 매일 단 둘이서만 차를 마시는 일도 있었다.

그렇게 마주 대하고 대화를 나눌 때 나는 그에게 무슨 말이나 다 할 수 있었다.

얼마 후 외국인인 내게 영국인 장교들은 사명감에서 혹은 자신의 출세를 위해서 '우울 장군'에게 알리고 싶은 사항을, 그들 자신이 면담을 요구하면 장군이 들어 주지 않았기 때문에 나를 통해 그에게 전달하는 것이다.

나는 그 유력한 상관의 부하가 조직을 위해서 그리고 조직 중의 개인을 위해서 얼마나 큰 역할을 할 수 있는지를 이해하게 되었다.

위대한 인물에게 흔히 있는 기벽(奇癖)은 그냥 내버려두는 것이 좋다. 그것이 거슬린다고 시간을 낭비하는 것은 어리석은 일이다. 비서실장과 그 상관과는 실로 공생관계에까지 이르는 것이다.

명조수라고 불리는 사람은 결코 발설해서는 안 되는 말을 잘 알고 있다. 상관의 콤플렉스를 자극해서 화를 내게 하는 일은 절대 금물이다.

어떤 식으로 용건을 말해야 상관의 관심을 끌고 유리한 대답을 얻을 수 있는지를 잘 알고 상관에게 부족한 지식이라든가 성격상의 약점을 명확히 알면서도 상관을 경멸하지 않고 다만 그 결점을 보충하기 위해 전력하는 것이 현명한 일이다.

3. 비밀 엄수

상관을 모시거나 고용주 밑에서 일하다 보면 자기 자신이 책임이나 권력 또는 지도하는 임무가 지워질 수 없는 젊은 나이라도 극히 중요한 의논이나 결정의 순간에 입회하는 경우가 있다.

그가 반드시 비밀을 지켜야 하는 것은 어떠한 예외도 허용되지 않는 규칙이다. 커다란 사건에 입회하게 된 청년은, 아무래도 그러한 자신이 자랑스러워서 여러 가지 사정이나 에피소드를 이야기함으로써 남의 눈에 띄고 싶은 유혹을 느낀다.

그러나 그 비밀이 새어 나가서 야기되는 재난은 헤아릴 수 없이 엄청난 것이므로 그들은 무슨 일이 있더라도 비밀만은 엄수해야 한다.

달리 생각하면 비밀을 지키고 간직한다는 것은 커다란 기쁨이 되기도 한다. 내정에 정통하고 진상을 알고 허실을 꿰뚫어 볼 수 있는 입장이면서도 그것을 전혀 입 밖에 내지 않는 일처럼 재미 있는 일은 없을 것이다.

레카미에 부인은 이 방면의 재주가 실로 교묘했다. 어떤 경우 그녀는 적대 관계에 있는 양당파의 당수들에게 비밀 사정을 듣기도 했으며 혹은 하나의 포스트를 놓고 경쟁하는 두 사람의 라이벌에게서 또는 어느 작가와 그 비평가들로부터 제각기 가지고 있는 견해를 듣기도 했다.

그녀는 조용하면서도 진지하게 귀를 기울였으며, 상대방을 위로하기도 하고 미소를 지으며 필요한 경우에는 말을 전해주는 역할도 마다하지 않았다.

결국 그녀는 듣는 역할에 지나지 않았지만, 누구도 배신을 당했다고 생각하지 않았으며, 오히려 그것은 유익하고 매력적인 일이었다.

4. 아주 쓸모 있어야 한다

조수 역할을 하는 사람은 요구되는 자료뿐만 아니라, 요구될 거라고 예상되는 자료도 수집하도록 노력해야 한다.

상관이 생각하는 방향을 알아차리고 그 질서를 정리한다. 쓸데없는 일에는 관여하지 말고, 자기 자신도 잡다한 용건들은 정리해야 하며, 생활에 필요한 자잘한 행위가 순조롭게 진행되도록 배려해야 한다.

조수의 모범적인 모습은 백점 만점의 여비서이리라. 여비서의 역할은 말하는 것을 받아쓰거나 편지를 타이핑하는 것만이 아니고, 자기가 한 일, 쓴 편지, 접수된 서한 등을 정확하게 분류·정리하고, 각 방면의 주소를 기억하며, 살아있는 목록이 되어야만 한다.

또한 여비서는 비서실장의 모든 능력에 여성미를 첨가해야 한다. 여성이기에 다 말하지 않아도 남의 마음을 이해하고, 상대방의 자존심을 위로하여 달래어 주며, 사무실에 온화한 분위기를 만들 수 있는 것이다. 그렇다고 너무 지나치게 여성스러우면 곤란하다. 상관이 여성을 지나치게 의식하게 되면, 그것이 일 자체에 영향을 미치게 되므로, 이 조화를 잘 유지하는 것이 비록 어렵긴 하지만, 성실히 수행해야 하는 것이다.

육체 노동과 두뇌 노동, 그리고
주부의 가사 노동에 대하여

'이마에 땀을 흘려 너의 빵을 얻으라'고 한 말처럼 오랜 역사에서 노동은 치욕이고, 신이 인간에게 부과한 형벌이라고 생각되어져 왔다.

육체 노동뿐 아니라 두뇌 노동의 대부분까지도 노예에게 주어져 있었다.

로마 시대, 문법 학자와 산술가는 노예였다. 후세에 이르러, 학자는 인간을 프롤레타리아와 부르조아의 두 종류로 분류했다.

프롤레타리아는 급료를 받는 사람이고, 부르조아는 연금이나 이윤으로 살아가는 사람이다.

그러나 이 분류법은 심한 혼란을 일으켜서, 이를테면 20만 프랑의 연수(年收)가 있는 은행의 취체역(이사)이 프롤레타리아이고, 2천 프랑이 고작인 소상인이나 지주가 부르조아 계열에 들게 되었다.

알랭이 생각한 정의가 꼭 옳다고는 할 수 없으나, 적어도 전자(前者)보다는 실속 있고 실효하다고 생각한다. 알랭은 이렇게 말했다.

노동에 의해 생활하는 사람이라면, 그가 육체 노동자이든 두뇌 노동자이든, 혹은 급료를 받는 사람이든 자유업자이든지 간에 모두 프롤레타리아이다.

한편 말을 해서 생활하는 사람은 모두 부르조아다. 즉,

변호사, 공산당의 대의사, 은행의 외교원, 거지 등 이들은 모두 부르조아다.

어느 누구든 모두 다 남을 설득하거나 속여서 번 돈으로 생활하기 때문이다. 석공, 운전사, 기술자, 진정한 저작가는 모두 프롤레타리아다. 그들은 남을 속이거나 설득하지 않고 살아가기 때문이다.

일의 성과가 좋으면 그만큼 돈을 더 번다. 대기업가도 그 부유함이 오직 그의 전문적 지식에 유래되는 것이라면 프롤레타리아고, 인상이 좋고 수완이 좋아서 취체역에까지 출세했다면 그는 부르조아다.

알랭의 말로는 그렇기 때문에 극히 다른 두 종류의 정신이 나뉘어진다는 것이다.

프로레타리아는 자연에 대해서 작용하고 그것을 개조하는 일을 하기 때문에 남에게 아첨할 필요없이 물질만 정복하면 된다. 따라서 그들은 소박하고 야성적이며 고상한체 하지 않고 오히려 그러한 것들을 경멸한다.

복장도 유행에 맞출 필요없이 일하기에 적당한 것을 입는다. 한편, 알랭이 말하는 부르조아는 친절하고 정중하다. 선거인, 청취자, 친구 할 것 없이 자신에게 도움이 되는 사람이라면, 그들의 마음에 드는 말을 하려고 애쓴다. 복장에 있어서도 남들이 불쾌감을 느끼지 않도록 주의한다.

키플링의 뛰어난 시에, 말다의 자손과 마리아의 자손 사이의 기묘하게 서먹서먹한 관계를 묘사한 것이 있다. 말다의 자손은 물건을 만들고 다리를 놓고 도로를 통하게 하고 비행기를 조종하며 열차를 운전한다.

반면에 마리아의 자손은 호화스런 열차 쿠션에 깊숙이

몸을 기대고 남의 노동을 요람삼아 즐기고 있다.

인간을 두 '종류' 또는 두 '계급'으로 분류하려는 것은 위험한 일이며 인위적이다.

부르조아의 아들이라도 취미나 행동은 프롤레타리아적이어서 발동기를 벗삼아 살면서 행복감을 느끼고 음미하는 사람도 있을 수 있다.

기술자라 하더라도 여행할 때는 마리아의 자손이며 공장으로 돌아가면 말다의 자손이다.

그렇다고는 하지만 어떤 사람들은 유희로서 노동을 즐기고 또 다른 사람들은 매일매일 해야 할 생활의 의무로 행한다. 바로 그 점에서 커다란 모순이 생긴다.

인류의 기원과 함께 아주 낡은 이 악(惡)을 조절시키려고, 모든 혁명은 그것을 시도했으나 실패해 왔다. 앞으로도 마찬가지일 것이다. 그것은 인간 영원의 본성과 원리라는 진리 중의 진리를 무시했기 때문이다.

기계가 발달하면 노동자의 생활이 일시적으로는 고되고, 단조롭다 하더라도 얼마가 지나면 반대로 유복해질 수 있다.

이미 노동 시간은 1세기 동안에 3분의1 정도 감소되었다. 육체 노동의 제일 고된 부분을 점차적으로 기계가 하고 있고 이러한 경향은 앞으로 더욱더 강화될 것이다.

기계는 지성과 숙련을 필요로 하는 직공인의 일을 빼앗고 그것을 지루한 벨트 콘베이어 작업으로 대치한다.

그러나 이것 또한 과도기의 한 현상일 뿐, 벨트콘베이어 작업 자체가 얼마 후에는 로보트에게 일임될 것이다. 그렇게 되면 노동자는 거의가 감독 역할을 맡게 되고, 기술자와 같은 입장에 있게 될 것이다.

육체 노동 혹은 기능 노동에 대해서 말할 가장 중요한 점은 다음 사항이다.

별로 나타나지 않는 일이든 고급스런 일이든 하여튼 무슨 일이 되든지 간에 그것을 능숙하게 하는 사람도 있고 서툴게 하는 사람도 있다.

참호 하나를 파는 데도 교묘하고 아름답게 파는 방법이 있고 서투르고 어설프게 파는 방법이 있다. 마찬가지로 강연에 필요한 원고를 작성하는 데에도 진지한 태도로 열심히 쓰는 경우와 함부로 마구 쓰는 경우가 있다.

역시 타이피스트도 복사를 지저분하게 하는 수도 있고 깨끗하고 아름답게 완성하는 수도 있다. 그것은 손가락 끝을 놀리는 요령이나 기계 취급의 주의점 또는 타이틀을 정확하고 가지런하게 치는 일이나 행의 배치, 다시 읽을 때 얼마만큼 주의하는가 등에 의해서 좌우된다.

만일 타이피스트가 최소한 필요로 하는 것보다 조금만 더 깨끗하게 일을 완성하리라고 생각한다면 그는 이미 예술가다.

그리고 그 보상 없는 노력은 커다란 행복감의 영속에 의해 보상된다. 이 여분의 노동에 윗사람을 위해서가 아닌 바로 자기 자신을 위한 것이기 때문이다.

타이피스트는 그것을 자유인으로서 한 것이다. 스스로 이루는 일은 그것이 무엇이든간에 그것을 이룩한 사람의 생활 안에 자유를 만든다.

일하는 즐거움은 다른 모든 즐거움에 우선할 수 있을 만큼 큰 것이 될 것이다.

나는 천국을 생각할 때, 도저히 날개가 돋친 사람들이 심심풀이로 하프를 뜯으며 노래나 부르는 영원한 여가의 나라라고 생각할 수가 없다.

내 마음 속에 부각되는 천국은 하나의 서재이고, 나는 거기에서 지상에서는 아주 드물게 가질 수 있는 벅찬 쾌조와 확신을 가지고 무한히 펼쳐지는 소설을 계속해서 쓰는 것이다. 정원사의 천국은 정원에 있고 목공인의 천국은 작업대 위에 있는 것이다.

주부(主婦)는 기능 노동과 두뇌 노동이 하나로 묶인 좋은 예가 애정으로 이룩된 주부의 노동이다.

한 가정을 능숙하게 이끌어 나가는 주부는 가정의 종복인 동시에 여왕이다. 주부는 안(案)을 세우고 그것을 스스로 실시한다. 남편과 아이들에게 그들이 일에 전념할 수 있도록 해주며 세파에 시달려 고민하지 않게 도와 주기도 하고 일상 생활을 뒷받침하는 역할도 한다.

그녀는 재무장관이 되어 가정의 수지 균형이 맞게 유지하며 문화장관이 되어 집안을 아름답게 하기도 하고, 문교장관이 되어 아이들이 진학하고 교양을 쌓는 일을 도와 준다.

여성은 위대한 정치가가 나라를 잘 다스리는 것을 자랑으로 여기듯이 자기의 가정을 작지만 완전한 세계로 만드는 일을 자랑스럽게 생각해야 한다.

리요테 원수가 말했듯이 규모의 크고 작음은 조금도 중요한 것이 아니다. 크기에 상관없이 완전한 것은 완전하다.

주부 노동은 매우 유복한 경우를 제외하고는 극히 엄격

한 것이어서 휴식이라는 것이 거의 없다.

휴일이 2일간 이어지는 주간에도 주부는 공장에서 일하는 이외에 정리, 세탁, 옷 깁는 일, 또는 아이들을 상대하는 날이 2일간 계속된다.

가정에서도 아이들의 성숙에 대비하여 서둘러야 할 일들이 언제나 기다리고 있다. 또한 너무 일찍 늙어 버리지 않도록 주의하고 깨끗한 몸차림을 하며 교양도 쌓아야 한다. 진정 주부라는 직업에는 그것을 잘하려 들자면 여가가 전혀 없는 것이다.

반면에 그것은 노동의 댓가가 즉시로 돌아오는 직업이기도 하다. 정말로 여성다운 여성이 약간의 돈과 많은 관심을 가지고, 누추한 주거를 며칠만에 천국으로 바꾸어 놓는 것처럼 감격적인 일은 없다. 일하는 기술과 사랑하는 기술의 교차점이 바로 여기에 있는 것이다.

학생의 공부를 위하여

가르친다는 일에는 기술이 필요하다. 교사란 오랜 기간의 훈련이 요구되는 어려운 직업이다.

누구든지 자기 아이를 가르쳐 보면 반드시 이해될 것이다. 아버지가 자기 아이의 좋은 교사가 되는 일은 극히 드물다.

어떤 경우에는 잘 알고 있다고 자신했지만 실제로는 표면적인 것밖에 알지 못하고 있다. 어떤 경우에는 알고는 있지만 설명하는 방법이 서투르기도 하다.

어느 경우에는 가르치는 것이 싫어서 자꾸만 초조해지고 신경질적으로 심하게 군다. 또 어느 경우에는 자기 자식이 참하다고 자부하여 그들의 참 모습을 몰라서 응석을 받아 주어 오히려 아이에게 해를 주기도 한다.

역시 가르치는 것을 전문으로 하고 그쪽에서 성과를 올린 사람에게 자문을 구해야 한다.

1. 규율이 없는 곳에 교육도 없다

학생은 공부하는 습관을 들여야 한다. 정신을 기르기 전에 우선 의지의 힘을 기르지 않으면 안 된다. 그것을 기르는 데 가정 안에서의 교육은 결코 커다란 효과가 없다. 가정에서는 항상 무엇인가 변명이 통한다.

머리가 아프다느니, 수면 부족이라느니, 친구의 초대를 받았느니, 혹은 문제의 출제 방법이 나쁘다느니.

그러나 학교에서는 인정 사정이나 용서가 없다. 그것이 바로 학교가 갖는 장점이다.

그리고 또 옛날 기숙사 제도의 좋은 점을 말하고 싶다. 물론 기숙사에도 난처한 점이 매우 많으며, 때로는 도덕적인 문제가 될 만큼 가혹한 일이 생기기도 한다. 그러나 거기서는 인간이 만들어진다.

기숙사 안에서 아이들은 한 집단에 있어서의 자기 위치를 찾는 일을 배운다. 가정에서는 자기의 위치가 이미 결정되어 있기 때문에, 자신을 위해서 그다지 도움이 되지 않는다.

그래도 그런대로 이해성 있는 부모라면, 통학 제도도 15, 6세까지는 유익할지 모른다. 그러나 17세부터 20까지의 나이에는 대도시 안에서 마음껏 자유롭게 생활하는 것이 중요하다.

2. 가르치는 일이 즐거움을 주는 일은 아니다

교육의 목적은 아이들의 정신에 기본적인 지식의 틀을 주어서 그것을 바탕으로 역사적·사회적 상황을 인식하게 하는 일에 있다.

후에 이 지식의 틀 안에 평생을 통해서 경험하는 일들이나 새로운 발견 등이 들어가게 될 것이다.

이 자연의 순리를 역행하여 아이들에게 현대 사회가 갖는 상황을 보여 주고 그로써 즐거움을 갖게 하는 것은 잘못이다.

그림책이나 라디오·영화 등에 의한 수업은 그 자체만으로는 효과가 없다. 다만 그것이 학생의 노력을 촉진시키거나 의욕을 솟게 할 때에 유용한 것이다.

고생하지 않고 기억한 일은 쉽게 잊혀지게 마련인 것처럼, 학생 자신은 아무 일도 하지 않은채, 강의뿐인 수업은 언제나 거의 의미가 없다. 웅변이란 젊은 두뇌 위를 헛돌 뿐이다. 듣는 일은 공부하는 일이 아니다.

3. 학생에게 시험이나 시련을 부과하는 것은 매우 유익한 일이다

때때로 학부형이나 개혁을 주장하는 사람들이 대학입학 자격시험의 철폐를 요구하는 일이 있는데 이것은 옳은 의견이 아니다.

경쟁도 상벌(賞罰)도 없는 곳에 진지한 공부란 결코 있을 수 없다. 같은 이유로 중고교 전국 학력시험을 부활하여 우수한 학생이 학교 안에서 정당한 명예와 신망을 얻을 수 있게 한 것은 다행스러운 일이다.

4. 가장 중요한 것은 기초 교육이다

부모는 자칫하면 초등학년을 그다지 중요하게 생각하지 않기가 쉽다.

"우리집 아이는 공부를 별로 안 해요. 그렇지만 아직 5학년밖에 안 된 어린 아이지요."

그런데 사실은 어린 시절에 얻게 되는 몇몇 지식들을 정확하게 배우는 것이 모든 것을 결정한다. 읽고 쓰고 계산하는 일을 완전하게 배워서 안다면 그것만으로도 이미 대단한 것이다.

대부분의 사람들은 이 기초 지식이 완전히 습득되어 있

지 않다. 읽기 조차 제대로 못하는 사람도 있다. 글씨를
보고도 그것이 무슨 관념의 표시인지 즉각 머리에 떠오르
지 않고, 수학 역시 기초를 잘 배웠는가 아닌가에 따라서
어렵게 느껴지기도 하고 쉽게 느껴지기도 한다.

기하(幾何)책의 첫번째 교과나 대수(代數)의 기초 지식
을 알지 못한 사람이 그보다 어려운 일들은 이해한다는
것은 도저히 불가능하다.

**5. 많은 일들을 적당히 가르치기보다는 적은 일들을 정
확하게 가르쳐라**

주입식 교육은 전혀 무익하다. 교육의 목적은 기술자를
양성하는 것이 아니고 건전한 정신을 기르는 것이다. 그러
기 위해서는 몇 가지 학과면 충분하다.

"주로 라틴어와 기하학을 가르치라"고 나폴레옹은 말했
다.

거기에다 역사와 물리를 조금 그리고 국어는 많이 첨가
하라. 그것만으로도 아주 넉넉하다. 역사나 이과에 대해서
중요한 것은 학생이 최근의 발견이나 최신의 학설을 아는
것이 아니고 역사적 방법과 과학적 방법을 이해하는 일이
다.

그것은 현대 물리학자의 세심하고 면밀한 연구보다도
옛날 학자의 비교적 간단한 업적을 가르치는 편이 이해도
쉽고 유효하다.

알랭이 말하고 있듯이, 교육은 단호하게 시대에 뒤떨어
진 것이 아니면 안 된다.

독서의 기술

독서는 노동의 한 분야일까?

발레리 라르보는 독서에 대해, '벌을 받지 않는 나쁜 버릇'이라 했고, 반대로 데카르트는 '지나간 시대의 가장 교양 있는 인물과의 대화이다'라고 했다. 물론 두 사람의 견해는 모두 옳다.

독서가 나쁜 버릇이라고 하는 것은 책이 일종의 아편이 되어 그로써 현실을 떠나 공상의 세계로 빠지는 사람들의 경우를 말하는 것이다.

이들은 잠시도 책을 읽지 않고는 견디지 못하며, 읽을 수 있는 것이라면 무엇이나 다 좋아한다. 어쩌다 펼친 백과 사전의 페이지에 수채화 그리는 법이 있으면 그것을 정신없이 읽는데 만일 그곳에 총화기(銃火器)에 관한 문장이 있었더라도 마찬가지다.

방 안에 혼자 있게 되면 곧장 신문 잡지가 있는 책상으로 가서 무엇이든 기사를 한 가지 읽고 나면 마음이 가라앉는다. 그들은 잠시도 무엇인가를 생각하지 않는다.

책을 읽어도 사상을 구하거나 사실을 찾는 것이 아니며 단지 현실과 자신의 영혼의 눈을 가로막은 글씨의 행렬이 있으면 만족한다.

읽고 난 뒤에 무엇인가 머리 속에 남는 일도 드물다. 정보원(情報源) 사이에 가치의 우열을 가리지도 않는다. 그들의 독서는 아주 수동적이어서, 그들이 책에게 읽히는 것이지, 그들이 책을 읽고 해석하는 것이 아니다. 그리고 읽은 책을 자기 정신 안에 흡수해서 자신의 것으로 만들려 하지도 않는다.

즐거움을 위한 독서는 매우 능동적이다. 소설을 좋아하는 사람이 아름다운 문장이나 자기 감정의 자각(自覺)과 고양(高揚)을 얻기 위해서 혹은 자기 인생에서는 불가능한 모험을 경험하기 위해서 책을 읽는 것이 즐거움을 위한 독서다.

자기 눈으로 관찰한 것이나 자신의 감각으로 느낀 일이 사상가나 시인에 의해 완전하게 표현된 것을 아는 일이 기쁘다고 하는 독자도 그 부류에 속한다.

역사의 특정된 시대를 연구하는 것이 아니라 여러 시대를 훑어보고 인간의 고뇌는 어느 시대에서나 마찬가지인 것이 재미있다고 하는 독자도 즐기기 위해서 책을 읽는 사람이다. 이들은 모두 건전한 독서를 하고 있다.

끝으로 독서가 하나의 일이 되는 것은 머리 속에 대강 기둥만 세워져 있는 것을 더 지탱할 재료를 첨가하거나 더욱 완성시키시 위해서 필요한 자료를 어떤 특정한 지식에서 구하려고 책을 읽는 경우다.

이러한 독서는 기억력이 대단히 좋은 사람이 아니고서는 대부분 펜이나 연필을 한 손에 들고 이루어진다. 문제에 부딪칠 때마다 책을 처음부터 다시 읽을 수 없는 노릇이므로 기억하지 못할 바에는 읽으나마나 하게 된다.

나의 경우를 보면 역사책과 같은 딱딱한 책을 읽을 때는 언제나 맨 처음과 맨 끝 페이지에 그 책에서 취급하는 주제를 요약해서 기록하고 각각 그 아래에다가 참조해야 할 곳의 페이지를 써 넣는다. 그러면 필요가 생겼을 때 책

전부를 다시 읽지 않아도 된다.

모든 노동과 마찬가지로 독서에도 지켜야 할 규칙이 있다.

첫째는 많은 작가를 표면적으로만 알고 있는 것보다 몇 사람의 작가와 몇 가지의 주제에 대해서 완전한 지식을 갖는 편이 좋다.

작품의 아름다움은 처음 읽어서는 좀처럼 알기 어렸다. 젊었을 때 책을 닥치는 대로 읽는 것은 마치 넓고 넓은 세상으로 나가서 친구를 얻는 것과 같다.

그러나 일단, 친구로 삼을 만한 사람이 발견되면, 그 사람과는 세속적인 교제를 벗어나야 한다.

몽테뉴·상 시몽·레쯔·바르작·프루스트와 친하게 되는 것만으로도 인생은 충분히 풍요로워진다.

둘째는 독서의 대부분을 명작에 두어야 한다는 것이다. 물론 현대 작가에 흥미를 갖는 것은 필요하며 또한 자연스러운 일이다.

현대 작가 중에는 같은 불안과 욕구를 품은 친구가 발견되기 쉽다. 그러나 군소(群小) 작품의 파도에 휩쓸려 버리는 일은 삼가야 한다. 걸작이라고 불리는 작품만도 전부를 읽는다는 것은 도저히 불가능하다. 개인의 선택에도 과오가 있겠고 세대가 내리는 평가에도 오류가 있을 수 있다.

그러나 인류는 오류가 없다. 호메로스·타키투스·셰익스피어·모리엘 등은 확실히 그 명성에 어울린다. 오랜 세월을 거치면서 살아 남은 이들 대작가 편을 선택하기로 하자.

셋째는 자신과 맞는 것을 읽는 것이다. 사람마다 제각기 자기에게 적합한 정신과 양식이 있다. 자신과 꼭 맞는 작가를 발견하자.

그것은 내 주위의 친구들이 발견한 작가와는 매우 다를 것이다. 문학도 연애와 마찬가지여서 남의 기호에는 어리둥절하는 일이 있다. 자기에게 가장 잘 어울리는 것을 찾아서 그것에 충실하자.

넷째는 독서는 가능한 한 훌륭한 연주회나 엄숙한 의식에서 감도는 것 같은 침착하고 긴장된 분위기 속에서 해야 한다는 것이다.

한 페이지를 후딱 읽고 나서 전화를 받기 위해 중단하고 또 다음을 계속해 보아도 마음이 들떠서 마침내는 내일로 미루는 식의 독서는 독서를 했다고 할 수 없다.

진정으로 책을 읽는 사람은 혼자 있을 수 있는 저녁 때, 긴 시간을 독서를 위해서 잡아놓는다. 애독하는 작가를 위해서 겨울철 일요일 오후는 다른 계획을 세우지 않고 비워 놓는다.

철도편으로 하는 여행은 바르작이나 스탕달의 소설 또는 〈페트루쉬카〉에서 마술사의 테마가 나오는 대목을 기다리는 것과 같을 만큼 가슴 설레이는 기쁨이다.

다섯째는, 자기 자신을 명작의 독자에 어울리게 하는 것이다. 이 말은 독서로 스페인의 여인숙이나 연애와 같은 것이어서 이쪽에서 내놓는 만큼밖에는 그쪽에서도 주지 않는다는 말이다.

인간 감정의 묘사도 그러한 감정을 스스로 체험했거나 아직 젊어서 감정 생활의 개화를 기대와 고뇌로써 기다리는 사람 이외에는 그 재미를 알 수 없는 법이다.

가장 감동적인 것은 작년까지만 해도 모험 소설만 읽던 소년이 갑자기 〈안나 카레리나〉 라든가 〈도미니크〉 에 열중하는 일이다.

이제 그는 사랑하는 기쁨과 고뇌가 무엇인가를 알고 있는 것이다. 위대한 행동가는 키플링을, 위대한 정치가는 타키투스와 레쯔를, 제각기 잘 독해할 수 있다.

리요테는 모로코의 총독직에서 정부로부터 부당하게 해임당한 그 이튿날부터 셰익스피어의 〈코리오레이너스〉를 읽기 시작했는데, 실로 감동적인 정경이 아닐 수 없었다. 진정 독서의 기술이란 대부분 책 속에서 인생을 보고, 책을 통해 그것을 보다 더 이해하는 기술인 것이다.

예술가를 위하여

예술가의 노동은 실내에서 일하는 직공의 노동과 비슷한 면도 있으나 그렇지 않은 면도 있다.

비슷한 것은 기술적으로 공교해야 한다는 점이다. 그러한 기교는 선배에게서 배우고, 또 참을성 있는 수련을 쌓아서 이루어진다.

물론 모차르트·바이런·위고·샤토브리앙 같은 재능은 필요하다. 하지만 뛰어난 재능도 연마하지 않으면 마침내 아무것도 이룩할 수 없다는 것을 깨달아야 한다.

나는 발레리가 일하는 모습을 본 일이 있고 프루스트가 직접 쓴 원고를 살펴본 일도 있다.

그것은 참을성 있는 탐구와 그칠 줄 모르는 퇴고(推敲)였다. 머리 속에 있는 생각을 정확하게 표현할 수 있는 언어를 찾으려는 노력, 꼭 들어맞는 단 하나의 말을 대조와 조화와 신비적인 짜임에 바탕을 두고 추구하는 노력에 모든 것이 일관되어 있었다.

오케스트라의 곡을 만들기 위해서는 복잡한 음악 교육을 필요로 하는데 그러기 위해서는 천재라고 불린다 해도 오랜 기간 세심한 공부를 해야 한다. 저절로 만들어지는 것처럼 생각되는 예술, 최고도의 예술에도 반드시 훈련과 수련의 진통이 있는 것이다.

그 오랜 연마 끝에 예술가는 경험이 풍부해지고 확실한 방법과 자기의 스타일을 갖게 된다. 그렇게 되면 자신이 표현하는 바가 무엇인지를 명백히 알게 되어 어느 순간에 가면 보통 사람은 기적이라고 밖에 생각할 수 없는 속도로 작품을 완성하게 된다.

호이스러는 단 한 시간이면 그림을 완성할 수 있다는 그의 말을 비난하는 사람들을 비웃었다. 그것은 일생 동안을 그리면서 익힌 것인데 그걸 비난했으니 웃을 수밖에 없었던 것이다.

그러나 기술적으로 공교로워진다는 것은 직공에게는 주요한 임무일지언정 예술가에게 있어서는 그 일의 일부에 지나지 않는다.

발레리는 "시는 감동에 의해서 만들어지지 않는다. 말로 만들어진다"라고 했는데, 사실 양쪽 모두 필요하다. 특히 예술에 관한 한 자연에 대해서 질서와 형식을 준다는 생각으로 항상 되돌아서야 한다.

과연 형식은 필요하다. 그러나 아무리 형식이 훌륭해도, 그 안에 아무것도 내포되지 않는다면 다른 사람들의 마음을 감동시킬 수가 없다.

베토벤의 교향곡은 형식도 훌륭하지만 그의 영혼과 사상과 고뇌와 환희가 그 안에 내포되어 있기에 더욱 높이 평가되는 것이다.

라신은 형식상 완벽의 경지까지 이르렀다. 그러나 그것마저도 거기에 라신의 정념이 없었다면 무슨 소용이겠는가?

따라서 예술가는 기술적인 일 이외에 인생을 살아가야 한다. 혹은 인생을 살아온 사람이어야 한다. '감동한 일은 조용한 마음으로 되새기는 것, 그것이 시이다.'

이렇게 해서 예술가의 생활은 적어도 세 부분으로 형성

된다는 것을 알게 된다.

첫째는 감정에 움직이는 가식이 없는 적나라한 인간으로서의 생활이다. 그것만이 시인에게 인간에 대한 지식을 준다.

둘째는 사색과 고독한 몽상이다.

그리고 셋째가 기술적인 일인데, 이것은 지극히 짧아도 무방하다.

나는 하루에 2시간밖에 일하지 않는 대작가 몇 사람을 알고 있다. 그러나 그것은 그들의 몽상이나 독서, 대화가 형태를 바꾼 것이고, 2시간의 일에 못지 않게 중요한 것이다.

괴테는 말하였다. "우리들의 일은 휴식 안에 있다."

예술가는 속세에서 살 것인가? 그렇지 않으면 세상을 등지고 살 것인가? 이것은 대답하지 못할 문제라고 생각한다.

완전한 은둔은 성인(聖人)에게 있어서는 자연스러운 일이지만 대부분의 예술가에게 있어서는 건전하지 못하다. 소재가 있음으로 해서 일할 수 있는 것이다.

프루스트 같은 작가는 코르크 벽의 밀실에 틀어박혀서 잃어버린 시간을 탐구하리라.

만일 우리들이 그의 생명의 리듬에 자신을 맞출 수 있다면 제각기 자신의 과거 속에서 끌어낼 수 있는 소재를 무한히 발견할 수 있으리라. 그러나 프루스트의 뒤를 따라 그의 작품을 끝없이 모방한다 하더라도 어쩔 수 없이 대부분의 인간은 기분 전환을 필요로 하는 것이다.

여기서 다시 괴테의 말에 귀를 기울여 보자. "마음이 평온하고 해야 할 일이 결정되어 있을 때에, 고독은 즐거운 것이다." 그러므로 고독을 원하기 전에, 그 고독 속에서 해야 할 임무를 명확히 결정하는 일이 중요하다.

휴식을 위하여

휴식을 취하는 기술도 일하는 기술의 일부다. 피로 때문에 많은 휴식이 필요한 사람에게는 쓸모 있는 일을 기대할 수 없다.

또한 밤에 잠을 자지 못하면 이튿날 아침 머리는 생각하는 힘을 잃게 된다. 이것은 심신이 다 함께 쾌적해야 한다는 것을 말하고 있다.

인간의 신체 구조는 노동과 휴식이 교대로 이루어지지 않으면 도저히 유지될 수 없다.

'주말' 제도는 사회가 만든 현명한 위생법이다. 나는, 프랑스 장관들이 눈꺼풀이 내리덮일 만큼 피로에 지쳐 있으면서도, 마치 유럽의 평화가 그들에 의해서만 유지될 것 같은 결정을 강요당하고 있는 모습을 본 일이 있는데 그러한 경우 휴식을 취하는 것도 그들의 의무다.

육체적으로 피로한 경우의 휴식은 어려운 기술을 필요로 하지 않는다. 침대에 몸을 던진 채 잠을 푹 자면 해결된다.

그러나 정신적으로 피로하면, 수면이 필요한데도 좀처럼 잠들지 못한다. 그럴 때에 이용하는 잠자는 기술이 있다.

1. 자신이 잠잘 수 있다고 믿을 것. 수면제를 극히 소량 복용하는 일이 효과가 있는 것은 바로 이 자기 암시라는 점에 있다.

2. 몸에 느끼는 감각을 최소한으로 할 것. 따라서 몸을 안정시키고, 실내를 일정한 온도로 유지하며 아주 어둡게 할 것.

3. 불면증의 원인이 된 당면한 문제를 생각에서 멀리 할 것. 따라서 근심이 없던 어린 시절이나 청춘 시절의 일을 생각하는 것이 좋다.

또 한 가지, 먼저와는 아주 다른 방법으로 자신이 잠을 못 잔다는 사실을 심각하게 생각하지 않는 일이다. 오히려 책을 읽거나 손으로 할 수 있는 작은 일들을 한다.

그리고 시간이 얼마가 지나든 그것에 상관없이 마음을 평온하게 하는 동안, 몸이 피로해서 자연스럽게 잠이 오도록 기다리는 것이다.

건강하고 활동적인 사람이 여가를 보내는 방법은 종종 어려운 문제로 등장한다. 일을 놓자마자 지루해하면서, 마치 우리 속에 갇힌 동물처럼 집안을 빙빙 돌고 결국 나쁜 유혹에 몸을 던져 버린다.

그것은 시간의 공백을 적당히 메울 수 있는 강한 자극을 자신의 육체에서 얻으려는 것에 불과하다. 현대의 문명 사회에서는 발명·발견이나 기계의 진보로 여가 시간이 증대하고 있다.

그것을 잘 이용하는 몇 가지 방법들을 다음에 소개한다.

1. 휴양으로서의 노동

이것은 남에게 있어서는 직업이지만 자신의 경우에는 기분 전환이 되는 종류의 일들을 말한다.

연극, 정원 만들기, 낚시, 사냥, 목공일 등은 전문가가 아닌 사람이 하면 많은 정성을 쏟더라도 어디까지나 레크리에이션이다.

그 이유는 첫째, 노동의 목적이 달라지면, 다른 근육이나 신경을 움직이게 되는데 그것은 바로 휴식이 될 수 있다.

둘째로, 전문이 아닌 사람은 외계(外界)와의 투쟁에서 해방감을 느낀다. 이 일은 자유로운 입장에서 하는 것이므로 언제든지 그만 둘 수 있다는 것이 강요에서 오는 피로를 면하게 해준다.

2. 게임

게임은 그 목적하는 바가 현실 생활에서의 문제를 해결하려는 것이 아니고 그것에 참가하는 사람이 자유로운 입장에서 받아들인 인위적인 규칙에 따르도록 하는 데 있는 것인만큼 다른 무엇보다도 이해 관계에서 부담이 덜한 행위다.

체스나 브리지를 하는 사람은 세상과 격투를 하는 것이 아니고, 순수하게 인간의 머리로 만든 것을 상대로 하여 싸운다.

거기에 휴식이 갖는 두 가지 요소가 있다. 즉 승부에서 져도 별로 큰 일이 아니라는 것. 또 우연의 개입이 한정되어 있다는 것이다.

스포츠는 도덕적으로 좋은 것이라고 생각한다. 경기자는 스스로를 자제해서 규칙을 지킨다. 규칙이 없으면 게임은 존재할 수 없기 때문이다.

한 국민 전체가 예전부터 스포츠와 친해 온 덕분에 규칙을 지키는 습관이 몇 세대에 걸쳐서 몸에 익혀지면 그 후에는 저절로 법을 지키는 시민이 형성된다.

영국인은 연애·사업·정치 등에서 협잡을 하는 사람을 두고 '저놈은 정확하게 플레이를 안 한다' 하고 말한다. 문명이란, 사람들이 공통적으로 약속하는 바를 받아들인다는 일 이외에 아무것도 아니다. 그러한 약속 사항의 대부분은 테니스나 골프의 규칙과 마찬가지로 인위적인 것이다.

그러나 그것이 있는 덕택에 함께 생활하는 사람들의 반응을 예지할 수 있어서 의심암귀(疑心暗鬼) 대신에 예의범절(禮儀凡節)이 전쟁 행위 대신에 스포츠 활동이 존재하는 것이다.

3. 영화·연극 관람

여기서 우리는 타인의 활동을 일방적으로 보기만 할 뿐이다. 그런데도 그것이 재미있게 여겨지는 것은 '인간에게 관련되는 일이라면, 그 무엇도 무관심하게 있지 못하기 때문이다.'

희극이나 비극이 묘사하는 감정이나 정념은 우리 자신의 것이므로 우리는 작자와 함께 이 감정과 정념을 느낀다.

이것이 휴식이 되는 것은 예술 작품 속에서 우리 자신은 아무런 결정을 내리지 않아도 되기 때문이다.

우리의 가슴을 감동시키며 또한 우리 자신의 문제로 다가올 수도 있는 이 드라마는 그렇지만 상상의 세계에서 일어나고 있고 우리는 그것을 분명히 인식하고 있다.

예술의 지평과 윤리의 지평이 먼 거리를 가지고 있다 하더라도 연극은 관객으로 하여금 실생활의 비속(卑俗)에서 벗어나게 하여 위대하고 고귀한 정열과 접촉시킴으로써 사람의 마음과 품성을 높은 수준까지 끌어올리는 역할을 한다.

다만 긴요한 점은 연극 관람이 현실적인 생존 투쟁의 작은 휴지부(休止符)로 라면 훌륭한 것이지만 그것이 생활의 시간까지 침범하게 된다면 곤란하다.

영화도 라디오도 조금은 기분 전환이 되어 새로운 일에 매진할 수 있는 용기를 부여하지만 도가 지나치면 정신이 마비되어 버린다. 그렇게 되면 독서 이상으로 '벌받지 않는 악습'이 된다.

4. 여행

현실을 떠나는 일은 모두 휴식이 된다. 너저분한 일상적 행위와 곤란한 문제들이 완전히 사라져 버리는 것은 아니지만 여행지에서는 책임에서 해방될 수 있다.

공적인 사람들은 별도로 하고라도 일반적으로 여행하는 사람은 자신만을 위해서 살 뿐 주변이나 가족을 위해서 살지 않는다.

낯설은 객지는 하나의 아름다운 경치일 뿐이다. 그곳에서는 무거운 책임감으로부터 해방될 수 있다.

우리는 모두 가끔씩 새로운 것이나 자유로운 공기에 접하여 생명을 세탁할 필요가 있다. 그러고 나면 일상 생활의 반복이나 규율도 이전과는 달리 오히려 즐겁게까지 생각될 것이다.

며칠만이라도 집을 떠나면 정신이 싱싱하게 깨어날 것
이다. 이것은 정말 멋진 일이다.

결 론

정말로 일을 사랑하는 사람은 아주 짧은 휴식을 취해도 기이할 정도의 기쁨을 가지고 자신의 일로 되돌아간다.

일 자체를 자기 자신이라고 생각하는 사람은 일을 그치면 자신의 목숨도 끝났다고 생각한다. 그러한 사람이 일을 그만두는 현상은 일어나지 않으며 그들은 언제나 걸으면서도 일을 생각한다.

여행을 떠난 작가는 아직 표현되지 않은 문장을 이리저리 궁리하고 있다. 밤중에 문득 잠이 깨면, 언어의 무더기가 집요하게 떠오른다. 그러면 캄캄한 어둠 속에서 그 머리 속에 있는 책의 페이지를 고쳐 쓰기 시작한다.

실업가는 모처럼 사무실을 떠나 해수욕장의 군중 속에 섞여 있으면서도 문득 종이와 연필을 꺼내 들고 모래 위를 뒹굴면서 상품의 원가 계산을 다시 해보곤 한다.

만일 공장이 그다지 멀지 않은 곳에 있다면 공원(工員)도 사무원도 없는 토요일 아침에 거기로 달려가서 텅빈 공장 안을 혼자서 돌아다니며 설비의 개량과 대기획 등 보다 확실한 생산 수단을 몽상해 본다.

일요일에 자기 땅을 산책하는 농부에게는 나무 한 그루 풀 한 포기라 할지라도 모두 다 각각의 고유한 뜻과 역사와 용도를 가지고 있다.

그는 일전에 내린 비의 영향이나 지하수의 흐름을 재빨리 파악하고 있으며, 길을 가노라면 어디가 길을 잃기 쉬운지, 혹은 어디서 구부러지는지, 또 통과하기 힘든 곳과 물웅덩이가 있는 곳을 정확히 알고 있다.

이 모든 것이 그에게 과거의 일을 말해 주고 이제부터의 일을 촉진시켜 주는 것이다.

사회의 구성이 조화를 이루지 못하여 무척이나 비인간적인 사상이 세상에 퍼져 나가지 않는 한 사람이 일을 싫어하는 일은 있을 수 없다. 자기가 하는 일에 애착을 느끼는 것은 인간의 자연스러운 감정이다.

'일은 권태와 악덕과 결핍감을 해소해 준다.' 일은 공상이 낳은 모든 마음의 병을 치료해 준다.

1914년 대전중 내가 모시던 영국의 연대장은 "일이란 마운 것이다"라고 입버릇처럼 말하고 있었다.

사실 일이 없다면, 우리는 그 무렵 정말로 불행한 기분을 느꼈을 것이다. 걱정거리는 늘 있었다. 사랑하는 사람들과는 멀리 떨어져 있고 위험은 언제나 눈 앞에 놓여 있었으며, 미래에 대한 불안을 품고 있었다. 그러나 일에 얽매여 있을 때는 그런 따위의 생각을 떨쳐 버릴 수 있었다.

1938년 9월, 다시없이 무서운 전쟁으로 절박한 상황이 되고 피의 정경이 상상되었을 때에도 어느 정도 마음의 평온을 가질 수 있었던 것은 오로지 일 때문이었다.

나는 그때 마침 병역이 주어져 있었는데 재치 있는 몇 사람의 장교들이 아침부터 밤까지 우리에게 일을 주었고 그 일에 열중하도록 해주었다.

손이 미칠 수 있는 명확한 대상을 향해서 정신을 집중하고 있으면, 지나친 몽상에 잠기거나 상상의 날개를 펼 여력이 없어진다. 밤에는 피로 때문에 잠을 푹 잘 수 있다. 이렇게 해서 그 비극적인 일 주일을 보냈던 것이다.

인간 개인에 대해서 말할 수 있는 것은 국민 전체에게
도 말할 수 있다. 의욕적인 정부가 나타나서 프랑스 국민
의 노동 계획을 세우고 그 계획이 달성되어 국가가 재생
할 수 있다는 희망이 주어진다면, 그때야말로 국민은 쓸데
없는 몽상을 멈추고 모두가 하나의 위대하고 유익한 임무
를 위해서 힘을 합치게 될 것이다.

또 그때 국민 전체가 지난날 나의 연대장과 같이 '일이
란 고마운 것이다'라고 되풀이해서 말할 것이다. 나의 경
험에 비추어 생각해 볼 때, 일이란 정말 고마운 것이다.

5

지도자의 지성

지도자의 선출
지도자의 인품에 대하여
지도자의 지성에 대하여
훌륭하게 지휘하기 위하여
통솔하는 방법
지도자의 권리와 의무에 대하여

인간은 본래 야심이 있고, 교만한 존재이기 때문에, 자신이 남의 지휘를 받아야 하는 이유를 스스로 그 필요를 느끼기 전에는 결코 이해하지 못한다.

어려운 문제에 부딪쳐 자기를 지휘해 줄 사람이 없으면, 강자의 먹이가 된다는 것을 깨닫고, 자신의 생명과 안녕을 사랑하는만큼 복종도 사랑하게 되는 것이다.

— 루이 14세 —

단체가 행동할 때에는, 구성원 전체가 늘 같은 목적을 향하도록 누군가 한 사람이 이끌어나가야 일의 성과를 올릴 수 있다.

이것은 리듬에 맞추어 몸을 움직여 보면 명백하게 알 수 있다. 선로가설공 혹은 보트 선수로 말하더라도 십장이나 정장(艇長)이 잘 지휘하지 않으면 개인 각자의 체격이 아무리 튼튼해도 소용이 없다.

집단으로 이루어지는 활동은 모두가 지시를 상실하면, 당장에 혼란과 무질서에 빠지고 만다. 전쟁에 참가해 본 사람이면 누구나 지휘를 받는다는 일이 얼마나 필요한가를 알 것이다.

그리고 그것은 조선소·공장·신문사·국가에 대해서도 마찬가지다. 사람들이 함께 뭉쳐서 행동해야 할 때 지휘자는 반드시 필요하다.

지휘자가 결정되어 힘있고 명확한 명령이 내려지면 즉시 질서가 잡힌다.

1914년 대전때 있었던 일이다. 지휘가 문란해져서 퇴각하고 혼란에 빠진 몇 개 사단이 진정 지휘관의 자격을 가진 사람에게 장악되자마자 용감하고 굳센 군대로 일변했던 것이다.

한 나라로 말하더라도 국민의 수준이 같은 경우, 정부의 지도자가 가지는 역량에 따라서 질서가 문란해지기도 하고 통제가 잘 되기도 한다. 실로 지휘·지도자가 없으면 군대 행동도 국가 활동도 사회 생활도 있을 수 없는 것이다.

그렇기 때문에 인류의 전역사를 통해서 각각의 사회마다 지도층을 탄생시켰고 그것은 피라밋 모양의 계급 조직을 형성했다.

이들에 의해서 질서가 세워지고 국가가 평안해지면 필연적으로 지도자 계급은 힘을 잃는다. 그러다 또다시 무질서가 재현되면 그것은 형태를 바꾸어 재건되는 것이다.

옛날 고대 로마 제국을 구성하고 있던 행정·군사의 계급 조직이 그 힘을 잃게 되자 오랜 혼란의 시대가 경과하고 난 뒤 봉건 제도가 탄생되었다.

러시아에서는 산업 분야의 고용주 제도가 철폐되자, 관

료와 기술자로 이루어지는 과두(寡頭)정치가 고용주 제도와 같은 기능을 가지게 되었다.

혁명가들이 어떠한 약속을 하고 어떠한 희망을 가지든 간에 결코 이 땅 위에 평등을 가져올 수 없는 이유가 거기에 있다.

평등한 기회를 줄 것, 보나파르트가 말한 '모든 재능에 길을 연다' 라고 한 것은 생각해 보아야 할 일이다.

만인이 법 앞에 평등하다는 것은 옳은 일이고, 요구해야만 할 일이다. 그러나 모든 사람이 지위의 평등을 생각할 수는 없다. 지도자가 없는 사회는 존재하지 않는다.

지도자의 선출

인류가 그 오랜 역사를 이어오는 동안에 지도자를 선출하기 위해서 생각해낸 방법은 극히 한정되어 있다.

1. 세습의 우두머리

이것은 가장 오래 전부터 사용하던 방법이다. 가족이라는 집단 속에서는 이미 일찍부터 이 제도가 채택되어서, 장남이 부친을 계승했던 것이다.

'장자'의 순번을 지키지 않으면 형제간에 다툼이 생기고 분열하게 되어서 결국은 파산하게 된다.

이러한 사건들은 성서나 그리스 비극에서 찾아볼 수 있다. 고대의 유서 있는 군주국에 있어서 세습에 의한 권력의 양도는 아무런 분쟁도 없이 행해질 수 있었을 뿐 아니라 백성들의 눈에 그 군주는 태어날 때부터 품위가 고상하고 커다란 위광에 싸여 있는 듯이 보였다.

오늘날 영국에 있어서 각 정당 사이의 조정자(調停者)인 왕이 하는 역할이 이 위광에 유래한다.

나폴레옹은 그것을 알고 있었으므로 세습의 왕조를 구축하고 싶어했다. 왕은 전쟁에서 패하여도 그대로 왕이지만, 황제는 연전연승을 함으로써만 그 위치를 유지할 수 있음을, 그는 알고 있었던 것이다.

몇 세대에 걸쳐서 같은 가문의 사람을 우두머리로 추대하고 있는 영지(領地)나 기업인들의 생각도 이와 마찬가지다.

중역이나 감독·농장주들은 다른 권위에 대해서는 전혀 용납하지 않지만, 명문의 계승자가 갖는 권위만은 용인한다. 그것은 단순히 습관화 되어 있기 때문이 아니라 어떤 자연적인 감정에 바탕을 두는 것이고 사리(事理)로서도 옳기 때문이다.

아버지는 아들에게 기업의 지휘관과 기업에 대한 충성심을 전통으로 전할 수가 있는 것이다. 세습으로 지도자가 된 사람은 자기의 영지에 대해서 명예의 계루(係累)에 의해 맺어져 있음을 느끼고 그것을 위해서는 일신을 희생해야 할 경우도 있음을 알고 있다.

권력의 세습 제도가 위험을 야기하는 것은 지배자, 혹은 지휘자의 위치를 차지하는 가문의 장자가 범용하거나 잔인한 인간일 경우다. 그와 같은 지도 능력이 없는 인간에게는 국가나 기업을 맡길 수 없다.

그래서 권력이 세습되는 몇몇 국가에서는 군주가 될 사람이 그 위치에 적당하지 않다고 인정되면, 종종 예외적 조치가 강구되곤 하였다. 영국에서는 왕위 계승의 순서가 의회에 의해 몇 차례나 변경되었다.

미국의 경우 너무도 막대한 사업체를 계승할 능력이 없는 아들을 가진 기업주는 그가 재산을 독차지하지 않도록 자신이 건강할 때 이미 조치를 취하기도 한다.

이와 같이 습관과 양식으로 보충되어 의회 또는 이사회의 감사를 받는 권력 세습은 커다란 장점을 가지는 제도이기도 하다.

2. 선거에 의한 지도자

지도자로서의 첫째 자격은 지도 능력을 인정받는 일이다.

지도자에게 이의(異議)가 주장된다면 그의 권위는 약화되고 만다. 지도자로서 선택된 사람은 그를 추대한 사람들에 대해서 절대적 권위를 가지고 있음이 분명하다.

그러나 그가 선택받은 능력이 웅변술이나 좋은 인상 등인 경우, 시간이 지남에 따라서 그 범용함과 무능함이 폭로되어 사람들을 실망시키곤 한다.

국내가 사분 오열된 곳에서는 선거인의 과반수를 간신히 넘어 선출된 지도자는 그 과반수 인원만을 대표하고 있다고 취급되기도 한다.

만일 나머지 반수의 국민이 그에 대해서 증오와 반감을 가지고 있다면, 국가로서는 중대한 사태가 생긴다.

대국(大國)이라고 불리는 나라에서 선거에 의해 선택된 지도자가 국민 전체의 신뢰를 얻지 못하여 침로(針路)를 잃고 활기마저도 상실한 예는 현재까지도 종종 볼 수 있는 일이다.

선거에 의해서 지도자를 뽑는 것은 그것이 국가적인 규모가 아니라 선택된 지도자 스스로 권한을 행사하는 아주 작은 집단이거나 지도자가 일정 기간 뒤에 바뀌지 않으면 안 되는 경우 매우 위험한 제도가 된다.

오늘이 지나면 내일부터 투표를 부탁하고 다녀야 할 지도자가 어찌 유능하게 일을 처리할 수 있겠는가?

다수결 투표로써 기업의 우두머리나 군대의 사령관을 결정하는 것은, 기업을 파산시키고 군대를 괴멸시키는 일이다.

모든 정체(政體)가 일찌기 선거제도를 택하여 대중 참가의 정치를 하는 나라에서도 그것만은 피했다. 즉, 대의원, 상원의원, 인민의원은 지도자가 아니고 감사의 역할을 하는 것이다.

3. 시험 등용 제도

이 제도는 지도자를 시험에 의해 선발하는 것으로 시험에 합격하면 자격과 지위를 얻을 수 있다.

이것은 옛날 중국의 제도였는데 어떻게 보면 프랑스에서 실시되었다고 할 수 있다. 프랑스의 경우 군대나 공공사업, 외교관, 그리고 많은 행정 기관에 있어서 어떤 분야의 지도적 위치를 차지하려면 몇 가지의 시험을 치러야 했다.

이 방법이 공평하다고 생각되는 것은 시험의 조건이 모든 사람에게 동일하기 때문이다. 그러나 이것은 다음과 같은 단점도 몇 가지 갖고 있다.

첫째, 시험을 치르는 연령은 지도자로서 지휘를 할 수 있는 나이가 아니다. 지휘자로서 훌륭한 솜씨를 가진 사람도 40세가 되면 조숙한 재능이 없을 경우 시험에서 떨어지고 기회를 잃는다.

둘째, 지도자로서의 능력은 점수로써 간단하게 표현할 수 있는 것이 아니다. 이 시험 등용 제도는 신입 사원을 임용할 때 혹은 승진할 때마다 시험을 치르게 하는 것으로 이용하는 것이 좋다.

프랑스 의사(醫師)의 세계가 그렇다고 볼 수 있는데 유연성도 함께 가지고 있다.

또한 군대에서는 사관학교와 고등군사학원이라는 2개의 관문을 통과해야 하는데 평화시에는 연공(年功), 상사(上司)의 결정이나 배경 등이, 전시하에서는 전공(戰功)이 어느 정도 효과적이다.

4. 연공(年功) 및 임명(任命)

게으름뱅이나 바보 고집불통이 아닌 이상, 사람은 나이가 들면서 자신의 직업에 대해서 어느 정도의 경험을 얻게 된다. 그러나 연공자라 하더라도 수가 많기 때문에 선발은 반드시 필요하다.

지도자가 신뢰받을 만한 사람으로서 그 부하에 대하여 자신이 책임진다고 하는 입장에서 그를 골라 뽑고 또한 제2의 우두머리가 되게 하는 방법이 가장 합리적이라고 생각된다.

국가원수가 수상을 뽑고 견제 기관인 의회에 의해 비준된다. 수상은 각료를 결정하고 각 관료는 차관을 선발하며, 차관은 각 부국(部局)의 책임자를 임명한다.

하나의 피라밋이 정점(頂點)을 중심으로 구축되는 것이다. 건축으로 본다면 불합리하지만 행정 기구는 그렇게 해서 잘 이루어진다.

그러나 실제로 이 제도의 장점은 인간성이 얼마만큼 선(善)한가에 따라서 결정된다.

즉, 원리적으로는 현명한 제도라 해도 완전하게 이루어지지 않는다는 것이다.

수상이라든가 정치색이 짙은 몇몇 장관의 지위는 별도

로 하더라도 기술직의 장관을 포함한 다른 지위를 정할 때는 원칙적으로 그 사람의 기술적 수완과 품성만을 고려의 대상으로 삼아야 한다.

총사령관이나 철도청장은 그 정치적·종교적 색채나 친구, 인척 관계는 불문하고 하여튼 최우수 인물이어야만 국가를 위하고 나아가서는 국가를 지도하는 사람들의 이익도 된다.

그러나 사람에게서 정념이라는 것을 완전히 제거할 수없기 때문에 아무래도 우정이나 혈연, 지연이 인사(人事)문제에서 영향을 미치게 된다. 그것은 매우 한탄스러운 일이다.

우리는 모두가 타인과 자신을 점검해서 이 제도의 장점을 살펴 나가는 노력을 해야 할 것이다.

5. 스스로 일어나는 지도자

국가가 해체되거나 쇠퇴하는 절박한 상황에서는 사람들이 지도자를 뽑는 게 아니고 지도자가 스스로 나타나게된다.

아주 소수의 기병을 지휘하던 무명의 소지 주인 크롬웰은 어떠한 지고(至高) 권력에 뽑혀 국가 원수가 되었던 것은 아니다.

대혁명은 보나파르트를 장군으로 만들었다. 그리고 다음에는 그 자신이 스스로를 국가 원수로 만들었던 것이다. 최근 세계에서 일어났던 일을 보더라도 오로지 자신의 힘을 믿고 권력을 얻은 지도자가 우선은 거의 모든 지도자로서 능력을 가지고 있음이 명백하다.

만일 그렇지 못한다면 도저히 그 권력을 획득할 수 없는 것이다. 문제는 그의 능력이 게릴라 부대 대장으로서의 능력인가, 그렇지 않으면 한 국가의 지도자가 될 수 있는 인물인가라는 데 있다.

보나파르트의 경우는 부대장에서 순식간에 국가 원수의 재능을 나타냈다.

제1집정인 보나파르트의 위대함이 거기에 있는 것이다. 그는 프랑스인의 우두머리가 되어 평화를 책임지기를 원했고 항상 성공했다고는 말할 수 없더라도 열심히 그것을 지향했다.

'크로오비스에서 공안위원회에 이르기까지 나는 그 무엇도 부인하지 않으며 모든 것을 받아들인다.' 스스로의 힘으로 지도자가 된 사람에게 문제가 되는 것은 그의 계승에 있다.

크롬웰의 아들은 오래도록 통치하지 못했고 보나파르트의 아들은 유형(流刑)의 땅에서 죽었다. 또한 레닌의 후계자는 레닌의 유업을 증오하고 그것을 파괴했다.

지도자의 결정 문제는 그야말로 완전한 해결책이 존재하지 않는다. 해결책은 그 나라의 과거 사정, 장래, 도달하고자 하는 목표가 무엇인가에 달려 있다.

다만 임명으로 되었거나 타고난 지도자이거나 스스로의 힘에 의하여 되었든지 간에 지도자로서 불가결한 몇 가지 능력을 갖지 않으면 그 위치는 오래도록 존속하지 못한다.

지도자의 인품에 대하여

지도자의 사명은 다른 사람들의 활동을 통솔하는 데 있다. 그러므로 어떠한 목적을 향해서 사람들을 지도해야 하는가를 반드시 새겨 두어야 한다.

그 첫째 자격은 의지의 힘이다. 다른 사람을 지도하는 입장에 서는 사람은 결정을 내리고 그 결정에 책임을 질 수 있어야 한다.

물론 결정을 내릴 때는 모든 정보를 모아, 각각의 요점을 음미하지 않으면 안 된다. 그리고 일단 결정을 내려서 명령을 하고 나면 예측하지 못했던 어쩌지 못할 장해를 만나지 않는 한 그 결정대로 일관해야 한다.

주저하고 망설이며 꿋꿋하게 나가지 못하는 지휘자만큼, 부하를 의기소침하게 만드는 것은 없다.

"견고한 의지는 만사를 어거한다" 나폴레옹 황제는 이렇게 말했다.

1938년 9월, 쳄벌린은 화평을 맺고 전쟁을 회피하려고 했다. 물론 이 정책을 비판할 수도 있을 것이다. 그러나 쳄벌린은 정적(政敵)이라 하더라도 그의 특성인 끈덕진 성격으로 일단 선택한 정책은 반드시 이끌어 나간 것을 인정하지 않을 수 없었다.

명령을 결정하는 데 있어서 지도자는 매우 용기 있는 정신을 필요로 한다.

자기 자신조차도 괴로운 결정을 내리지 않을 수 없는

일도 종종 있다. 죠프르 장군은 제1차 대전 초기에 평소 친분이 있던 장군들을 모두 능력이 없다고 판단하여 리모주에 송치시켜 버렸다.

때로는 대다수의 사람들을 구하기 위해서 몇몇 사람들을 희생시켜야 하는 경우가 생기기도 한다. 그리고 지도자는 엄격한 성격을 가져야 한다.

그러나 그 지위를 이용해서 심술궂고 잔인한 짓이나 보복 행위를 해서는 안 된다. 남들이 뒤에서 하는 욕설 따위는 마음에 둘 필요는 없으나 가능하면 자신을 지지해 주도록 여론을 이끌어 가는 것이 현명하다.

지도자에게 있어서 중요한 것은 자질구레하고 세부적인 일을 맡아서 처리할 수 있는 충실한 보좌관을 두는 일이다. 지도적 위치에 있는 사람이 자질구레한 일에 얽매여서 전체적인 것을 놓쳐서는 안 된다.

실행 단계에서는 지도자 자신이 스스로 선택한, 신뢰할만한 전문가들로 하여금 이를 담당하게 하고 자기는 그들의 보고를 확인하기 위해 조사를 빈번하게 하는 데 그친다.

리요테 장군은, "당신 자신은 무엇을 하시는 겁니까?"라고 누가 물으면, "나 말입니까? 나는 전반적인 사고 방식에 있어서의 전문가입니다"라고 대답했다.

한 번쯤 지휘를 해본 경험이 있는 사람이라면, 부하들의 행동을 상세한 부분까지 규정한다는 것이 도저히 무리라는 것을 알고 있을 것이다.

특히 경제에 있어서 기업주는 대방침을 제시하고, 개인의 이윤 추구가 전체의 이익에 배반되지 않도록 한계를 결정하는 데 그쳐야 한다.

수천만 인간의 정념, 그 각양 각색의 표현이 1장의 계획서에 그냥 그대로 온전하게 실린다고는 어느 누구도 생각하지 않는다.

교통 경찰은 전체적인 차량의 소통을 규제하는 것이지 하나하나의 차의 진로를 할당하고 있는 것은 아니다.

지도적 위치에 서는 사람은 자기 밑에 있는 전문가의 존경을 얻지 않으면 안 된다.

만일 그렇지 않는다면 부하는 상관이 하는 일에 의심을 품고, 공모(共謀)하게 될 것이다. 그 존경을 얻기 위한 수단은 단 하나인데 그것은 그가 위한 수단은 그가 존경받을만한 자격이 있어야 한다는 것이다.

위대한 지도자는 위대한 인격자다. 사사로운 욕심에서 떠난 사람이다.

볼드윈이나 포앙카레에게 호사스럽다거나 화려하다는 일은 거의 없었다. 볼드윈은 그런 것들을 아예 마음에 두지도 않았다. 정말이지 양자가 모두 금전 문제는 말할 것도 없이, 결벽 그 자체였다.

볼드윈은 재산의 일부를 국가에 기증했고 포앙카레는 내각 수위에게 사적인 전갈을 부탁하는 일을 삼갔다. 두 사람 모두 보통 사람이 원하는 좋은 공장장, 좋은 남편으로서의 단순한 미덕을 가지고 있었다.

바로 이 기본적인 미덕이 그들의 위대한 힘이 된 것이었다. 물론 그들의 정치에 대해서 찬성하는 사람도, 찬성하지 않는 사람도 있었을 것이다.

그러나 그들의 정적(政敵)이라 할지라도 국정을 담당하

는 두 사람의 능력을 인정하지 않는 경우는 없었다. 독재자에게 있어서 검소하고 금욕적이라는 것은 하나의 힘이 된다.

블랑제는 그 생애에 있어서 몇 번인가 굉장한 승부패를 손에 넣을 수 있었다. 다만 그는 그 행운에 조금도 어울리지 않는 인간이었다.

지도자에게 허용되는 정열은 자신의 일과 직무에 대한 것밖에 없다. 그는 남들과 교제하는 데 있어서도 경솔해서는 안 되며 신비스럽게 보일 필요조차 있다.

지도자에게 전설이 만들어지는 것도 나쁘지는 않다. 설령 전설을 조장하는 일이 있더라도 비난할 생각이 없다. 만들어진 인물의 이미지는 실제로 그 사람 못지 않게 세상을 지도하고 통치하는 것이다.

키플링의 〈임금님이 되고 싶은 사나이〉는 어느 모험가의 이야기인데, 자신의 인격만으로 산지에 사는 몇 개의 종족을 정복하고 수장(首長)으로 올라앉게 되었지만 어느 날 통치하는 종족의 한 처녀에게 연심을 품게 되었고 그녀에게 그 자신도 한 사람의 남자에 지나지 않는다는 모습을 보였기 때문에 위광을 상실하여 그 자리에서 쫓겨나고 말았다.

"여자의 유혹에 빠졌기 때문에 죄인으로 몰린 남자가 얼마나 많은가"라고 나폴레옹은 말했다. 여기서 지도자의 아내라는 어려운 역할에 대해서 말해 두지 않으면 안 되겠다.

그녀는 남편을 세상 앞에서 감싸주고 쓸데없는 일로 피로하지 않도록 마음을 써 주어야 한다.

남편이 충동적인 행위를 유발하지 않도록 해야 하며 가정이 평화스러운 휴식 장소가 되도록 노력해야 한다.

만에 하나라도 남편에게 있어서 가정이 통치해야 할 새로운 제국이 되어서는 안 된다. 그것이야말로 가장 통치하기 어려운 곳이 될 것이다.

어느 날 윌리암 피트 앞에서, 정치가에게 있어서 가장 중요한 것에 대한 논의를 하고 있었다. 어떤 사람들은 그것을 일을 하는 능력이라고 말하고, 또는 근기(根氣)라고 했으며 또 다른 사람은 웅변이라고 했다.

그러자 피트는 "아니다. 그건 틀리다. 수상에게 중요한 조건은 인내다." 라고 말했다.

이 말은 단지 수상에 대해서만이 아니라 모든 인간 집단을 지휘하려는 사람 전부에게 해당된다. 사람이 하는 일 어느 것에나 우둔함은 따라 다니게 마련이다.

진정한 지도자는 인간의 우둔함을 언제나 계산에 넣어 그것이 상식에서 벗어나지 않는 한 참고 견딜 각오가 되어 있어야 한다.

자신의 말이 와전되는 일도 있고 명령이 제대로 실천되지 않는 일도 있고 자기에게 소속된 부대장들이 서로 시기하는 일도 있다는 것을 정확하게 알아야 한다.

그러한 일들은 불가피한 것으로 미리 예측해야 하는 문제다. 지도자는 어느 곳에서도 찾아볼 수 없을 만큼 완전 무결한 인간을 찾아서 명령하는 것이 아니고 자기 밑에 있는 사람에게서 최대의 성과를 올려야 한다.

즉, 있는 그대로의 인간을 지휘하는 것이지 정해놓은 틀에 맞춰 지휘하는 것이 아니다.

인내에는 부단한 노력이 요구된다. 진정한 지도자는 하나의 목적이 달성되었다고 해서 그것으로 자신의 일과 국가의 사업이 영구히 끝났다고 생각하지 않는다.

이 세상에서 한 가지라도 완전히 해결되는 일은 없는 것이다.

나폴레옹은 말했다. "최대의 위험은 승리의 순간 속에 숨어 있다."

손질이 잘 되어 있는 정원도 얼마 동안 방치해 두면 잡초가 무성하고 황폐해진다. 또한 부강한 나라라 해도 수년 동안 문란한 질서를 그대로 내버려두면 도적떼가 우글거리고, 마침내 다른 나라의 침공을 받아 멸망하게 된다.

지도자는 무슨 일이든지 적당한 수준에서 만족해서는 안 되고, 매일 아침 눈을 뜨자마자 다시 일을 시작해야 한다는 것을 명심하고 있어야 한다.

지금까지 말한 것 못지 않게 중요한 일은 입이 무겁다는 미덕이다. "비밀 엄수는 국가의 생명이다" 라고 리셜리외는 말했다.

스튜어트 왕조의 찰스 1세는, 비밀을 누설하는 실수를 했기 때문에 왕좌에서 쫓겨났다.

왕은 모반을 기도하는 자들을 국회 의사당 안에서 체포할 계획을 세웠는데, 경솔하게도 그 사실을 총애하는 왕비에게 털어놓고 말았다.

왕비 안리에트 드 프랑스는 그만 흥분하여, 시중을 드는 그의 시녀에게 이 모든 사실을 말해 버렸다. 그러나 왕비가 신뢰하여 늘 자문을 구하던 이 시녀는 불행하게도 적에게 기맥을 통하고 있었으므로 즉시 체포 대상이 되는 의원들에게 통보했던 것이다.

그 결과 왕이 체포하려고 했을 때 모반자들은 이미 도주해 버렸고 민중들은 봉기하고 있었다.

'필요한 말만을, 필요한 사람에게, 필요한 시기에 말해야 한다.' 이것은 그를 두고 말한 교훈일 것이다.

드골 대령은 다음과 같이 썼다. '침묵만큼 사람의 권위를 높여 주는 것은 없다. 수다는 사상을 엷게 하고 열의를 유실시킨다. 주의를 집중해야 하는 행동을 하게 하면 공연히 자기를 확산시키게 된다. 침묵하는 일과 명령하는 일 사이에는 무언가 상통하는 것이 있다.

부대에 작전을 명령할 때, 먼저 '차렷!'이라고 호령하는 것은 지휘관의 행동을 부하에게 전달하는 것이다. 그래서 지휘관이 입을 다물면 부하에게도 집착과 주의력이 생기게 된다.'

로크로 전쟁터의 콘테공(公)은 아직 혈기 왕성한 청년이었으나, 말을 타고 전쟁터를 시찰하거나 전열(戰列) 사이를 달릴 때에 한 마디의 말도 하지 않았다.

성격이 격렬하고 재기발랄했던 홋슈 장군은 지휘관으로서의 경험을 쌓고 난 후에 나이보다 성숙했으며 침착하고 과묵한 사람이 되었던 것이다.

그리고 보나파르트보다 말없는 사람이 또 있었을까? 그가 이끌었던 대육군(大陸軍)은 보나파르트의 흉내를 냈다. 비니는 말했다.

"내가 가까이 했던 장교들은 마치 트라피스트 수도사처럼 침묵을 지켰으며 다만 명령을 내릴 때만 입을 열었다."

루이 14세의 기막히게 엄숙한 풍모는 이러했다.

'공적인 자리에 있어서 사람들에게 존경받고 사적인 자리에서 조차도 왕의 두터운 신뢰를 받는 신하마저 가벼운 기분으로 입을 열 수 없을 정도였다.'

지도자에게 있어서 그 위신을 지키기 위한 신중함과 심복을 얻기 위한 온정을 잘 균형시키는 것은 매우 어려운 일이고 또 하나의 재간이라고 할 수 있다.

그러나 이 어려운 일도 커다란 책무를 과업으로 타고난 사람이라면 천성적인 지기와 재치로 쉽게 넘어설 수 있을 것이다.

이제껏 말한 여러 가지 능력에 첨부해서 체력이라고 하는 힘과 건강이 요청된다. 지도자에게 있어서 튼튼한 것도 하나의 힘이 되는데, 인내력·노동력·의지력 등은 건강이 있으면 더욱 커지는 것이다. 죠프르 장군의 커다란 장점은 수면과 식욕이었다.

마르누의 승리는 이 두 가지에서 얻은 바가 큰 것이다. 육체의 안정이 있어야 정신도 활발하게 움직여 준다.

'냉정하다는 것은 지휘자의 최대 요건이다.' 길리에니 장군은 전쟁터에서 명령을 내리고 난 뒤에, 책을 펴들고 읽기 시작했다.

당시 젊은 소령이던 리요테 장군이 그것을 보고 놀라자, 장군이 대답하기를 "나는 내가 할 수 있는 일을 모두 했으니까, 앞으로 생길 새로운 사태를 기다릴 뿐이지. 그 동안에 다른 일을 생각하는 거야." 기분을 새롭게 하고 냉정을 유지하는 데는 이것이 좋은 방법이었다. 그것을 배운 리요테도 훼크에서 적에게 포위당하고 모든 계획이 허사로 돌아가게 되자 부하에게 비니를 낭독시켰던 것이다. 몽테뉴는 다음과 같이 썼다.

"한 군대의 장수가 곧 공격해 들어갈 적군 성새(城塞)의 무너진 틈을 보면서 잠시 친구들과 담소하고 있다. 이것은 실로 훌륭한 정경이다.

브루투스는 전쟁터를 순찰하는 중에도 밤에는 시간을 내어 포르피우스를 읽었던 것이다. 때로는 일에서 떠나야 한다는 것을 모르는 사람은, 일의 중압감에 눌려 있는 소극적인 인간이다."

지도자의 지성에 대하여

지도자에게 있어서 지성은 인격 못지 않게 중요한 요건이 된다.

기술자·장교·정치가를 막론하고 지도자는 반드시 일반 교양을 갖추어야 한다. 시와 역사를 배우면, 인간의 정념을 보다 잘 알 수 있게 된다.

활동적인 사람에게 있어서 교양은 마음의 평온함을 찾을 수 있는 휴식이 되기도 한다. 질서와 명석함도 교양에서 얻어진다.

국가를 재건하고 군단을 지휘하는 일도 어떤 의미로 보면 예술 작품을 만드는 것과 같아서 학문을 통해 아름다움을 추구하고 그것에 대한 감각을 기르는 일이 임무를 수행해 나가는 데 있어서 많은 도움이 될 것이다.

훗슈 원수는 다음과 같이 기록하였다.

"일정한 수량이나 물질의 형태를 고찰하기 위해 과학 공부가 필요하다면 문학이나 철학·역사를 배우는 목적은 존재하는 세계에 대한 사고를 기르고 연마하여 그것에 의해 지성을 넓히고 유연하게 하는 데 있다.

요컨대, 인생의 무한한 영역에 직면했을 때 정신은 풍요로운 활동을 할 수 있는 것이다. 특히 장교가 되려는 사람에게 있어서, 일반 교양은 반드시 필요한 항목이다.

물론 그 직업에 필요한 전문 지식도 매우 중요하다. 나는 이전에, 〈지휘술에 대한 대화〉를 썼는데 그때 우수한 사령관이며 겸양의 덕을 갖춘 파이욜 원수로부터 이 문제에 관해서 다음과 같은 서한을 받은 일이 있다.

'지휘를 할 수 있는 사람이란 인격과 양식을 가진 많은 지식을 축적하고 있는 사람입니다. 지식은 오랜 기간에 걸쳐 노력해야 비로소 몸에 젖어드는 것입니다.

남들이 대수롭지 않게 여기는 일입니다만, 제1차 대전의 위대한 지휘관은 대부분이 그전에 사관학교의 교관들이었습니다.

훗슈가 그렇고, 페탕이 그렇고, 필자도 마찬가지며, 또 그밖에도 많이 있습니다. 교관이 군대의 사령관이 되는 것을 이때 처음으로 볼 수 있었습니다.

이것은 우리 사관학교의 교육이 현실에 바탕을 두고 있음을 말해 줍니다.

즉, 역사를 배우면 그것을 현실에 투영시키는 방법을 교육합니다. 겨울에는 학과에서 여름에는 실시학습에서 현대에의 응용을 끊임없이 행하고 있습니다.

다 알고 있듯이 몇 년 동안에 걸쳐서 다종다양한 전술을 적용하는 공부를 해 온 사람은 실제로 전쟁터에 나가서도 당황하는 일이 없이 머리 속에서 즉각 문제 해결책이 나옵니다.

물론 거기에는 사물의 도리를 올바르게 지키는 교육 방침을 가진 우수한 교관들이 전쟁에서 유용한 육체적·지적·도덕적 능력을 충분히 가르치고 있습니다.

어떠한 능력은 경시해도 좋은 것이 아니고, 모든 능력이 다같이 중요한 것입니다."

지휘를 하는 사람에게는 간명(簡明)한 것도 필요하다.

너무 복잡한 사고방식이나 계획은 실천하기가 어렵기 때문이다.

산업에 있어서도 지나칠 정도로 기구가 복잡하면 기구가 결여된 것과 마찬가지로 쓸데없는 비용만 낭비하게 된다. 동력원에서 생산되는 힘을 전달 기관이 모두 흡수해 버리는 것과 같은 이치이다.

지도자는 경험에서 얻은 바를 행동으로 확인한 몇 가지의 간명한 사고방식을 가지고 있어야 한다. 그리고 그 안에다 행동에 필요한 명확한 지식을 채워 넣어야 한다.

또한 남을 지도하는 사람은 포용력을 가지지 않으면 안 된다. 남의 머리를 이용하는 방법을 터득할 수 있어야 하는 것이다.

"훌륭한 정치를 하려면 귀를 잘 기울이고, 많은 말을 삼가는 것이 필요하다" 라고 리셜리외는 말했다.

단 의견을 수렴할 수 있는 사람은 정확한 정보를 가지고 정확한 보고를 할 수 있는 몇 명이면 족하다. 스스로의 침묵만큼이나 중요한 것은 수다장이의 입을 다물게 하는 것이다.

지도자로서의 두뇌는 신속하게 회전하지 않으면 안 된다. 시간은 모든 행동의 기본적 요건이다. 대부분의 경우, 불완전한 계획이라도 아주 긴요한 시간에 실시하는 것이 완전한 계획이지만 너무 늦게 실천하는 것보다 낫다.

그러나 때로는 시간만이 문제를 해결할 수 있는 경우도 있다.

공군 참모총장이, '이 인원과 예산, 거기에 의회 공작을 전제로 5천 대의 비행기를 만드는 데는 어느 정도의 시간이 필요하겠는가?' 라는 식으로 사고해서는 안 된다.

'봄이 되기까지 5천대의 비행기가 필요한데, 예산은 얼마나 요구해야 하며, 이 목적을 달성하기 위해서는 부원들에게 어떠한 노력을 요청해야 할 것인가' 라고 생각해야 한다.

모드 산업이든 군사 산업이든 혹은 은행 사업이나 신문 사업에 있어서도 시대에 뒤지면 치명적인 타격을 입게 되는 것이다.

자도자는 스스로 신속하게 사고하고 또한 신속하게 행동하는 협력자를 두는 일을 중요하게 생각해야 한다.

마지막으로 지도자는 전통과 습관을 늘 염두에 두고 있어야 한다. 그는 사물이 존재한다는 자체만으로도 커다란 가치를 느낀다. 그가 미래의 건설을 위해 사용할 소재 중에서 가장 중요한 몇 가지는 이미 과거에 수집되었던 것이다.

그는 그 소재를 다시 만들거나 개조하기는 해도 그것을 밀어제치지는 않는다. 이전에 키플링이 썼던 단편 중에, 강의 수신(守神)들이 옛날부터 전해 오는 노동 규칙을 무시한 가교기사(架橋技師)들에게 벌을 주었다는 이야기가 있다.

20세기의 우리 인간들은 우주를 정복하기 위한 어마어마한 무기들을 소유하고 있다. 그러나 우주 역시 무서운 역습을 가해 오곤 하기 때문에 우리의 행동 결과를 쉽게 예측할 수가 없다.

혁명 시대에는 반란군이 그 나라의 전통적인 기둥을 타파해서 승리를 거둔 것처럼 보일 때가 있으나, 올바른 승리는 그 모든 과정의 결과로 평가되는 것이다.

　프랑스 대혁명은 왕정복고로써 끝났다. 현명한 지도자는, 옛날 마법사의 제자가 주문을 외워 마법의 빗자루를 움직이게 한 것까지는 좋았지만 그것을 멈추는 방법을 몰라서 애를 쓰고 곤경에 빠졌다는 이야기를 잊지 않는다.

훌륭하게 지휘하기 위하여

장관이든지 장교 혹은 기사거나, 지배인이건 간에 지도적 입장에 서는 사람은 자신이 지휘하는 사람에게 명령을 하고 보고를 받고 그리고 시찰하는 것으로 그들과 접촉한다.

명령에 있어 가장 중요한 것은 분명해야 한다는 것이다. 사색만으로 그친다면 막연해도 상관없지만 그것을 명령하려 할 때는 명백하고 확실해야 한다.

명령은 언제나 충분히 이해되지 못할 위험성을 가지고 있기 때문에 더더욱 분명하고 명료해야 한다. 나폴레옹은 '자기 스스로 실천하는 일만이 목적대로 성취된다' 라고 했다.

신중한 지도자는 인간은 아무것도 이해할 수 없고 모두가 건망증을 가지고 있다는 것을 인식하고 일을 시작한다. 그래서 명령을 내리고 나면, 그것이 어떻게 실행되고 있는가를 반드시 확인해야 한다.

또한 명령을 내릴 때는 그 실시 효과를 손상시킬 만한 모든 것을 예측해 두는 일이 중요하다. 인간의 어리석음과 우연히 발생하는 사고에는 제한이 없다.

'우연'의 공격에서 피할 수 있도록 신경을 쓰고, '어리석음'에 대해서는 자기가 세운 대책 중에서 가장 미비한 점을 강화해 놓는 지도자는 그렇지 않은 사람보다 자신의 계획을 실현할 가능성이 조금은 크다고 생각된다.

그러나 이렇게 세심한 주의도 그가 오랜 경험에서 신뢰할 만한 몇 명의 협력자를 모으게 되면 그다지 필요치 않게 된다.

노련한 정치가는 모두 자신을 위한 비서를 두고 있으며 군대의 대사령관도 자기만의 전용 참모부를 가지고 있다. 이들은 상관의 여러 가지 버릇을 알고 있어서 그를 보필하는 방법을 잘 터득하고 있다.

상관의 명령을 끝까지 듣지 않아도 다 이해할 수 있고 그것을 정확하게 전달하려고 노력한다.

어쨌든 세상에는 신용할 만한 소수의 사람이 반드시 있는 법이다.

윌슨 대통령은, '인류'를 신뢰했으나 인간은 단 한 사람도 믿지 않았다고 한다. 진정한 지도자는, '인류'는 신용하지 않더라도, 몇몇의 인간은 신뢰해야 한다.

그러한 협력자는 어떻게 선별할 수 있는가? 지도자의 임무 중 한 가지는 자기 지배하에 있는 사람들을 잘 알아서 그 가운데서 심복들을 선발해 내는 일이다.

페탕 원수가 프랑스 육군을 지휘하게 되었을 때, 큰 힘이 되었던 일 중의 한 가지는 사관학교에서 교편을 잡고 있으면서 몇 대에 걸쳐 젊은 장교를 길러 내고 또 그들을 잘 알고 있었다는 것이다.

강베트는 프랑스 전체를 시찰하면서 지사(知事)들과 서로 알려고 노력했다. 최소한 한 나라의 정치가라면, 그 나라의 가장 훌륭한 인재를 발견해서 그를 요직에 임명하는 일을 배려하지 않으면 안 된다.

그리고 단순히 현재의 인재만을 활용할 것이 아니라, 새로운 인재를 양성해야 한다.

그 일이야말로 지도자의 의무이고, 자신에게도 이익이 되는 것이다. 그것은 외국의 많은 정당에서 현재 행하고 있는 일이다.

영국의 보수당은 명문대학으로 관심을 돌려서 장차 정치가가 될 만한 학생을 찾는다. 그리고 그 학생들을 집중적으로 교육시키기 위해 설립된 학원도 있다.

이곳에서 실력을 인정받은 사람에게는 선거구가 주어진다.

수상은 이렇게 해서 탄생한 대의사(代議士) 중에서 더욱 우수한 사람을 골라 의원서기관(議院書記官)에 임명하고 이어서 정무차관에 임명함으로써 정치적 경험을 쌓게 한다.

항상 새로운 통치 계층을 만드는 일은 당수의 책무인 것이다. 이것은 사업가에게도 해당하는 일이다.

루크르조 콤비너트는 몇 개의 학교를 운영하면서 누구라도 공정한 선발에 의해 각자가 가진 능력대로 최고의 자리에 앉을 수 있도록 하고 있다.

아랫사람들 사이에 완전한 인화(人和)를 형성하는 것은 종종 난처한 일이 된다.

지도적 위치에 있는 사람은 한 부국(部局) 안에서 서로 배타적 입장에 있거나, 편협한 파벌 의식을 가지고 있거나, 다른 부국(部局)과 적대 관계에 있는 것을 그대로 묵과해서는 안 된다.

철도청의 운수국과 영업국 사이, 혹은 참모부의 제1과와 제2과 사이, 하여튼 기관장은 한 기관과 다른 기관이

앙숙 관계에 있는 일은 자살 행위와 같다는 것을 모든 직원에게 이해시켜야 한다.

때때로, 부하전체가 상관을 공경하여 잘 보좌하는 것은 좋지만, 서로가 시기하고, 상관에게 잘 보이려고 치열한 경쟁을 하는 경우가 있다.

상관은 조직체를 위험할 정도로 약체화시킬 이러한 상황들을 재빨리 알아서 그것을 진정시켜야 한다.

숙련된 운전사가 엔진 소리만 듣고도 어느 실린더에 이상이 있는가를 알 듯이 천부적인 지도자라면 부하들 사이의 불미스러운 일들을 금방 알아차려서 그 원인을 찾아낼 수 있다.

그러한 원인은 종종 아주 작은 것에서 찾아지기도 한다. 관(管)에 먼지가 끼었다거나 어깨를 움츠리는 것이 그의 버릇인데 그것을 모르고 모욕으로 삼았다거나 하는 일들이 그러한 예이다.

리요테 장군은 이러한 일에 대해서 뛰어난 직관력을 가지고 있었다. '저 사람이 좀 꾀를 부리고 있구나'라고 생각되면 당장 그에게 부드럽지만 단호하게 경고를 하는 것이었다.

지도자는 자기 부하와 현장 요원의 사기나 내려진 명령의 실행에 대하여 보고를 통해 알게 되는데 그 보고를 검토하지 않고 그대로 받아들여서는 안 된다.

내가 알고 있는 어느 노사업가는, "보고란 모두 십중팔구는 거짓말이다"라고 했다.

그의 말이 틀린 것은 아니다. 거의 모든 보고는 과장되고 생략되어 있는 것이다. 명령이 실행되고 있는 상황을 정확하게 파악하는 유일한 길은 지도자 자신이 직접 현장에 나가 보는 일이다.

아니면 시찰을 한다고 엄포만 놓아도 효과는 즉시 나타나서 보고가 정확히 전달된다. 페탕 원수는 다음과 같이 말했다.

1915년, 당시 육군 중장이던 원수가 지휘하게 된 곳은 공격으로 전환하라는 총사령관의 명령이 몇 주일 전에 있었던 지구였다.

또한 보고에 따르면 수주일 동안에 50미터 정도의 전진을 했을 뿐이고 당연히 많은 손실을 동반하고 있었다. 페탕 장군은 이 보고에 의혹을 갖고 거리측정용 쇠사슬을 들고서 제1선으로 갔다.

그리고 어느 날짜의 보고서대로 전선(前線)에 선을 긋고, 그것과 현재 전선 사이의 차이를 재어 보았다. 그렇게 해봄으로써 그 보고서는 총사령관을 기쁘게 하기 위해 날조된 것이며 전진했다고 하는 것도 그러한 공상을 해본데 지나지 않았다는 것을 발견할 수 있었다.

지휘자에게 제출되는 통계표는 거의가 상관의 비위를 맞추거나 그 통계표를 작성한 사람의 의견을 방증(傍證)할 속셈이 있거나 둘 중의 하나이다.

지도자는 엄격하게 해도 부하들에게 존경받을 수가 있다. 어쩌면 항상 우유부단하고 불분명한 지도자보다는 엄격한 지도자가 더 경모받는다고 말할 수 있다.

그 엄격함을 일관해 나가기 위한 최선의 방법은 빈틈이 없고 의지가 굳은 사람만 채용하는 것이다. 자신의 인격이나 사상을 비난받는 것이 아니라는 확신이 있으면, 아무리

질책을 받아도 편한 마음으로 참고 견딜 수가 있다. 가슴 속에 생각하고 있는 바를 곧 그리고 명백하게 말하는 것은 현명한 방법이다.

엄격한 꾸지람이라도 곧장 그 자리에서 꾸짖는 편이 원망스럽고 불만스러운 기분을 오래도록 나타내는 사람보다 훨씬 상대방의 마음을 상하지 않게 한다.

직속 부하에 대해서는 명령의 실행이 소홀하면 그들 스스로가 책임을 져야 하지만 명령을 성실히 실행했을 때는 비록 그 결과가 실패로 끝나더라고 그들은 비호받는다는 사실을 인식시켜야 한다.

진정한 지도자는 항상 자신이 하는 일에 대해서 모든 책임을 져야 하는 것이다.

왕은 귀족들의 탐욕으로부터 국민 전체의 생존권을 지켜야 하는 존재다. 그와 마찬가지로 최고의 위치에 오르는 사람은 노동자·병사·수부(水夫)등 현장에서 일하는 모든 사람이 자신의 직속 부하에게서 공정하고 인격적인 대우를 받을 수 있도록 잘 감독하지 않으면 안 된다.

실제로 이것은 가장 어려운 일이다. 여기서 우두머리는 자기 직속의 보좌관들이 권위를 잃지 않도록 배려하는 동시에 그 권위가 남용되는 일이 없도록 해야 하는 이중의 의무를 지게 된다.

이 경우에 그가 취할 수 있는 절대적 행동 기준은 존재하지 않는다. 팽팽하게 매어 놓은 한 가닥의 밧줄 위를 걸어가면서 손에 든 막대를 가지고 왼쪽·오른쪽으로 기울이며 평형을 유지하듯이 해야 하는 것이다.

그 좋은 모범이 엄격함과 공정함, 위엄과 애정을 적절히 조화시켜 가며 반역을 진압했던 1917년의 페탕 장군이다. 가능한 한 지도자는 사람들의 불만을 예측하고 그들이 호소하기 전에 부정을 바로 잡도록 노력해야 한다.

그것은 지도자가 자신이 지휘하는 사람들과 접촉을 잘 유지함으로써 실행할 수 있다. 따라서 자신이 직접 일에 관여하는 마음가짐이 필요하다. 장군이라면 몸소 참호를 향해 발을 옮기고, 사업주라면 노동자와 함께 공장으로 출근한다.

그렇게 해서 부하를 잘 알아야 한다. 지도자에게 필요한 또 한 가지의 요건은 동정심을 가지는 일이다.

부하들의 생활 문제에 관심을 갖고 그들이 불필요한 걱정이나 고생을 하지 않도록 노력하지 않으면 안 된다.

남에게 사랑을 받으려면 먼저 다른 사람을 사랑해야 한다. 그리고 자신의 일을 그 누구보다도 잘 알아야 한다. 사람이란 지휘만 잘 하면 그것을 받아들이는 법이다. 아니 오히려 지휘받기를 원한다고도 할 수 있다.

통솔하는 방법

통치한다는 것과 지휘한다는 것은 평화시에는 전혀 다른 별개의 기술이다.

지휘한다는 것은 지휘관에게 복종하도록 훈련된 인간의 집단을 하나의 결정된 목적을 향해 이끄는 일이다.

군대의 지휘관은 부대가 자기 명령에 복종한다는 것을 알고 있고 또 자기의 목적하는 바를 명확하게 인식하고 있다.

즉, 어떠한 영토를 지키거나 점령하는 일이다. 대기업을 이끄는 사람은 어느 결정된 가격으로 일정량의 상품을 생산해야 한다는 것, 만일 그 일에 실패 한다면 자신은 망하고, 종업원은 실업자가 된다는 것을 잘 알고 있다.

그러나 한편, 어떤 종류의 사회적 불안이나 혼란의 시기는 예외이지만 국가의 법률을 위반하지 않는 한 자신의 경제 내에서 자유로이 유지해 나갈 수 있다.

독재자도 군의 사령관과 마찬가지여서 통치한다기보다는 지휘하는 것이다.

그러나 자유주의 국가에 있어서 정부를 이끄는 사람은 막연하면서도 끊임없이 변하는 목적을 향해서 그가 조금도 복종을 강요할 수 없는 인간 집단의 활동을 이끌어 나가야 한다.

그는 어떠한 일을 실행하고서 반드시 반대파의 비판을 받게 된다. 반대파는 기회만 있으면 그 자리를 차지하려는 입장이니만큼 인정 사정 없이 가혹한 비판을 한다. 보좌관들도 특별히 그를 존경해서 부하가 된 것이 아니다.

오히려 그와 대등한 인간이며 자칫 그의 후계자가 될지도 모르는 사람들인 것이다.

공평한 입장에서 본다면 민주주의 체제에서 내각수반이라는 것만큼 곤란한 직업은 없으리라고 생각된다. 내각수반을 비난하는 종류의 기사들을 읽어보면, '정치가에게 그와 같은 역량을 요구하다니! 도대체 신문기자 중에 장관이될 자격을 가진 사람이 그렇게도 많단 말인가?' 라고 말하고 싶어진다.

대체 우리가 국정의 책임을 맡은 사람에게 어느 정도의능력을 요구할 수 있는 것인가? 무엇보다도 중요한 것은가능성을 판단하는 감각이다.

정치에 관한 한 아무리 위대하고 고귀한 목표를 제시했더라도 국정과 시국이 그 실현을 허용하지 않으면 아무것도 이루어지지 않는다.

자유로운 국민의 동향은 한 시각 한 시각에 있어서 모든 힘의 평형적 합력에 의해서 결정된다. 유능한 정치가는그러한 힘의 관계를 정확하게 예상하고 '여기까지는 가능하나, 여기서부터는 무리다' 라는 것을 별로 큰 오류없이말할 수 있는 사람이다.

자신에게 유리한 계급만을 위한 정치를 해서는 안 된다.다른 집단을 희생시키면, 거기서 어떠한 반응이 일어날 것인가를 정확하게 예측할 수 있어야 한다.

신중하고 현명한 의사는 환자의 일시적인 병을 고치려고 간장을 오래도록 상하게 하는 따위의 투약은 하지 않는다.

마찬가지로 도리를 아는 정치가는 노동자를 위안시키기 위해서 부르조아 계급을 분노케 하거나 부르조아 계급의 비위를 맞추기 위해서 노동자를 희생시키지는 않는다.

비유하자면 국가는 하나의 커다란 생명체의 육신이고, 모든 기관은 서로 밀접하게 결합되어 있다고 볼 수 있다. 그리고 매일 세론(世論)이라는 체온을 측정하여 만일 열이 있다면 국가에게 휴식을 취하도록 해야 한다.

단, 세론(世論)을 고려한다 하더라도 이것이 견고한 의지와 교묘한 수완을 가진 지도자의 손에 쥐어진다면 그의 의지대로 얼마든지 변경될 수 있는 것이다.

정치가는 대중의 무관심 속에 숨어 있는 힘을 잘 알고 있어야 한다. 그들도 어느 시기에 이르면 폭력을 터뜨리게 되는 법이다.

정부의 정책이 서툴러서 대중이 비참한 생활을 강요당하고, 예전부터 누렸던 자유를 박탈당하거나 또는 그 감정 생활과 가정 생활에 혼란을 초래했을 때 그 항의는 격렬하다. 물론 그것은 정당한 항의인 것이다.

그러나 대중은 확신을 가지고, 국민을 위해서 생각하는 자세를 강하게 보이며 사람들에게 신뢰의 마음을 일으키게 하는 지도자에게는 그들 스스로가 존경하고 따르게 되는 법이다.

가능성을 판단하는 감각을 가진다는 것은 단순히 이러이러한 행동은 불가능하다고 간파하는 일과 같은 그런 소극적 능력만을 말하는 것이 아니다.

그것은 용기를 가진 인간은 얼핏 불가능하다고 생각되

는 행동도 실제로는 가능할 수 있음을 의미하는 것이다.

훌륭한 정치가는, '이 국민은 무기력하여 나라의 제도를 해이하게 만든다' 라는 식으로 생각하지 않는다. '이 나라는 졸고 있다. 내가 잠에서 깨어나게 해주자. 제도는 인간이 만드는 것이다. 필요하다면 내가 개조해 주겠다' 라고 생각하는 것이다.

그러나 특히 중요한 점은 다음과 같다. 즉 원한다는 것은 원한다는 말을 하는 것이 아니고, 행동하는 것이다.

평범한 정치가는 활동하기에 가장 적절한 시간을 계획의 수정이나 주의 주장을 논하는 것으로 소비해 버린다. '구조 계혁'을 주장하고, 결함이 없는 사회 제도와 영구적인 평화를 구상하기도 한다.

그러나 앞에서도 말했지만 계획과 실행은 개별적인 것이다. 거리의 술집에서 사람들은 담화를 할 뿐이지 통치는 하지 않는다.

진정한 정치가는 필요에 따라 공적인 연설 중에서 각 당파의 주장에 정중한 경의를 표명하기도 하고 종교계 사람들에게는 예배 때 쓰는 문고를 외워 그 노여움을 풀어 주기도 한다. 그러면서도 국가가 현실적으로 필요로하는 것이 무엇인가에 대한 생각을 계속한다.

이를테면 다음과 같은 생각들이다. '1939년 현재 프랑스의 임무는 그 무엇보다도 우선 평화를 유지하는 일이다. 하늘에서의 방위력을 확보하고, 공군을 건설해야 하며 생산을 증대하여 개정을 다시 일으켜야 한다.' 이처럼 정치가는 명확하게 한정된 목적을 향하여 가장 지름길이라고 생각하는 대로 나아간다.

설령 그 길이 막혀 있다면 기꺼이 돌아서 가는 일을 마다하지 않는다. 정치적 행동에 있어서 허영심이나 지적 자존심, 그리고 융통성이 없는 것만큼 무서운 장애물은 없다.

정당의 당수 중에는, 자신의 주의 주장을 위해서라면 국가마저도 희생시킬 수 있을 정도의 사람이 있다. 그러나 진정한 지도자라면 주의 주장을 버리고라도 그 나라를 살리고자 할 것이다.

지도자의 정치적 활동이 마침내는 불완전한 대로 끝날 수 있으며 부정도 여전히 남을 것이라는 사실은 정치가 자신 역시 잘 알고 있다.

복잡한 행위는 모두가 불완전한 상태로 남는다.

조르즈 베르나노스의 우수작 〈시골 사제의 일기〉를 보면, 나이 많은 사제가 젊은 승려에게 한 교구의 모든 주민을 품행이 단정한 사람으로 만드는 일은 성인이라 해도 불가능하다는 것을 이해시키려고 한다.

노인은 자신의 생각을 구체적으로 전달하기 위해, 벨기에의 어느 교회에 살던 여자 관리인의 이야기를 들려준다. 그녀는 마을의 교회당을 수도원의 응접실만큼 번쩍번쩍 빛나게 해보고 싶었다.

'그 조그마한 아주머니는 정말 부지런한 일꾼이었지. 열심히 닦고 초를 바르고 또 닦고… 물론 아침이 되면 의자에 다시 먼지가 끼고 성가대원이 모이는 곳의 융단 위에는 버섯이 한 두개 돋아나곤 했지. 거기에다 거미줄은 신부(新婦)의 새 옷을 한 벌쯤 만들 수 있을 만큼 쳐져 있었어.' 그래도 그녀는 물러서지 않았다.

빗자루로 털어내고 물을 끼얹었다. 그러면 이번에는 둥근 기둥에 이끼가 낀다. 하여튼 주일의 교회는 마냥 더러워지기만 하였고 계속되는 성인 축일의 피로에 지쳐서 마침내 그녀는 죽음을 맞게 되었다.

늙은 사제는 이야기를 마치며 말했다. '어떤 의미에서 그녀는 순교자였다. 그것은 누구도 부정하지 못한다. 그녀에게 잘못이 있다면 그것은 더러움을 근절시키려 했던 일이지 더러움과 싸우려 했던 일은 결코 아니다. 그런 일은 이루어질 수 없는 법인데…. 교구란 결국 더러운 것이다.'

하나의 대륙은 몹시도 더럽다. 유럽 대륙과 같이 몇 세기에 걸쳐서 버섯이나 거미줄이 제멋대로 널려 있고 원한과 증오가 서려있는 늙은 대륙의 경우 더욱 더러운 법이다.

윌슨 대통령은 벨기에의 여자 관리인과 흡사했다. 그는 먼지투성이인 낡은 지구를 법률가의 연방으로 하자고 주장했다. 과연 합리적이라면 합리적인 생각이기는 하지만 실현 불가능한 것이다.

오늘날에도 모든 것을 정돈하고 예견하며 그리고 유럽의 더러움을 결정적으로 제거하는 일이 불가능하듯이 뛰어난 정치가라면 현명한 주부와 같이 청소는 매일 아침마다 하는 일이라는 것을 알고 있다.

분규가 생기면 참을성 있게 그것을 해결하지만 그렇게 하면서도 곧 새로운 분규가 발생하리라는 것을 생각한다. 화해가 이루어지면 그것이 설령 일시적이고 불완전한 것이더라도 수락한다.

인간이 하는 일은 모든 것이 다 불완전하고 일시적이라

는 것을 알고 있기 때문이다. 그런 식으로 계속해서 이끌어 나가는 동안 평화를 얻는 것이다.

그것이 10년, 20년 지속되고, 그리고 우리 세대의 임무는 끝이 난다. 그러면 다음 세대가 다시 그들의 임무를 수행함으로써 이어가는 것이다.

지도자의 권리와 의무에 대하여

명령을 내릴 만한 역량을 가진 지도자의 권리란 자기의 명령에 복종시키는 일이다.

자기가 뽑은 지도자를 존경할 수 없는 사회는 장래의 희망이 보장되지 못하며 지도자의 정치적 행동이 이미 불가능해진다.

한 사회가 채택한 질서는 그것이 여러 가지여도 무방하다. 전쟁중에는 문관 대신에 무관들이 지배하는 것이 필연적이다. 다만 무엇 하나를 확실하게 뽑았으면, 제각기 자기 위치에서 직무에 충실해야 한다.

공장의 경우 통제가 무너지면 그것은 파산과 이어지게 된다. 마치 군대의 규율이 무너지면 패배를 당하듯이….

두 가지의 질서가 충돌하고 있는 사회도 바람직하지 못하다.

노동자가 고용자측의 요구와 조합측의 요구 사이에 끼는 것은 좋지 않은 일이다. 고용자와 조합, 양쪽의 세력 범위를 분명하게 정해 놓고 각자마다의 영역을 완전히 섭렵하도록 해야 하는 것이다.

영국이나 스칸디나비아 제국의 경우가 그것의 가능함을 보여 주는 좋은 예이다.

지도자가 가지는 또 하나의 권리는 존속할 권리다. 어떤 적당한 기간은 재임을 해야 자기의 계획대로 큰 성과를 올릴 수 있는 것이다.

어느 한 사람에게 건축물을 건설하고 제품을 생산하는 일을 위촉하는 데 있어서 과연 그가 적합한가 아닌가를 모든 조사를 통해 확인하지 않으면 안 된다.

그러나 일단 한 사람을 결정한 이상은 그가 경험을 쌓을 수 있는 시간을 주어야 한다. 실제로 일을 시켜 보고서, 맡은 직무에 적합하지 않거나 잘못 뽑았다는 것이 명백히 밝혀진 경우가 아니면 그 지위를 유지시켜 주어야 한다.

재임 기간이 길어지면 안면도 늘고 권위도 증가하게 된다. 누군가 리요테 장군에게 모로코에서의 성공 비결에 대해 물었다. "나는 13년 동안 재직했습니다"라고 장군이 그 질문에 대답했다.

그런데 규율을 철저하게 하면서 오래 재임하는 일과 비판권의 행사와는 어떻게 양립시킬 수 있을까? 무제한의 권력을 가진 지도자는 당장에 폭군이나 미치광이로 변할 염려가 있는 것이다.

알더스 헉슬리는 이전에 '시저 놀이'라는 것을 고안했다. 친구들을 한 사람 한 사람씩 생각하면서 '만일, 내일 그에게 전능한 권력이 주어진다면 로마 황제 중 어느 황제와 가장 흡사할까?'라고 상상하는 것이다. 이 시험을 통과한 사람은 별로 없었다고 한다….

그렇기 때문에 비판하는 일은 반드시 필요하다. 그렇다면 그것을 어느 정도 행할 수 있을 것인가? 또 어느 만큼 행해야 할 것인가?

군대뿐만이 아니라 이반에서도 지금 당장 실행해야 할 일은 그 명령에 절대적으로 복종해야 한다. 비판은 오로지 상부로부터 내려지는 것이다.

그러나 자유주의 국가의 평상시에 있어서는 비판의 권리가 만인에게 주어진다. 단 그것은 인류가 경험에 의해 터득한 규칙에 따라서 행사되어야 한다.

가끔 지도자가 바뀌는 것도 국민들의 분명한 의사 표명이라면 좋은 일이다. 그러나 지도자를 중상(中傷)하거나, 너무 자주 지도자가 바뀌는 것은 좋지 않다. 군중이 지도자에게 법률만 강요해서는 해결되지 않는다.

진정한 자유는 단순히 자유로운 제도가 있다고 해서 확립되는 것이 아니다.

정신적인 교육이 필요하다. 국민 각자가 합법적으로 선출된 지도자를 존경하고 반대 의견도 인정하며 대립되는 상대의 이론도 받아들여야 할 뿐만 아니라 특별히 당파적 정신과 개인적 이해를 초월한 곳에서 국가는 이익을 얻는다는 것을 배운다. 그 한계 내에서만 자유 국민이라고 불리울 수 있는 것이다.

자유는 인간에게 저절로 갖추어진 권리가 아니다. 싸워서 승리함으로써만 얻어지는 그러나 얻기가 매우 어려운 보배인 것이다. 그리고 매일 성찰하여 다시 만들고 또다시 만들지 않으면 안 되는 것이다.

이 정신 교육은 남을 지도하는 위치에 있는 사람에게 더욱더 필요하다. 지도자는 모든 규제와 관계없이 그것을 초월한 곳에서 강한 책임감을 가진 사람이 아니면 안 된다. 그는 스스로 자신의 지위에 적합하도록 늘 노력함으로써 그 권력을 유지할 수 있는 것이다.

하나의 집단, 혹은 하나의 기업을 이끌어 가는 사람이

사리사욕에만 치중한다면 지도자라고 말할 수 없다. 지도적 역할을 맡았으면서도 자신의 책임보다는 쾌락에 신경쓰는 사람도 그 자격이 없다.

또한 지도자는 노여움이나 원망에 좌우되고, 편애하거나 근친자만 기용하는 행위를 해서는 안 된다.

지도층의 역할은 남을 지도하는 일이다. 즉, 명예와 근로의 길을 제시해 보이는 것이다. 명령은 특권이 아니라 명예이며, 책임이다.

6
활기찬 노후

그림자의 선(線)
늙음은 자연 그대로의 모습
늙음에 대하여
훌륭하게 늙기 위하여
나이를 먹지 않으려면
훌륭하게 나이를 먹는다는 것은
죽음에 대하여

늙어서는 어떻게 해야 하는가를 아는 사람은 드물다.

— 라 로시코프 —

나이를 먹는다는 것은 불가사의한 일이다. 너무도 불가사의하기 때문에 남들처럼 자기도 늙어 버린다는 것을 여간해서는 믿지 않는다.

프루스트는 〈발견된 때〉에서 청년 시절에 서로 알게 된 한 집단의 남녀와 3, 40년을 지나서 우연히 재회했을 때의 놀라운 마음을 아주 훌륭하게 표현하고 있다.

'처음에는 이 집 주인과 손님들에 대해서 그들의 성향대로 인정하기를 왜 주저했는지 나 자신도 알 수 없었다. 그들 중 거의 모두가 일부러 머리 모양을 만들고 있는 듯했으며, 분을 발랐기 때문에 인상이 변해 있었는데, 그렇게 보이는 이유를 알지 못했다….

공작은 그가 손님들에게 요구한 예법대로 자신도 그렇게 하고 있는 것처럼 보였다.

즉, 턱에는 흰 수염을 달고 납을 댄 구두를 신은 것처럼

246

무거운 표정으로 발을 끌고 다녔다. 입언저리의 수염은 푸치 푸세의 숲에 서리가 남아 있는 듯이 희었다. 그것은 그의 꽉 다문 입에는 매우 거추장스러워 보였으므로 이젠 분장의 효과를 거두었으니 그만 떼어 버렸으면 좋겠다고 생각했다.'

또 프루스트는 청년 시절의 친우와도 재회한다.

'인생의 초반에 알았던 그는 옛날 그대로의 모습이었다. 그때로부터 그리 긴 세월을 살아왔다고 보이지 않는, 내가 문득 아무 의미없이 상기했던 옛날의 그였다.

과연 그도 이제는 나이에 어울리더라는 소문은 듣고 있었지만 실제로 그의 얼굴에서 그가 늙었음을 확인하고는 정말 놀라고 말았다.

그러나 나는 납득했다. 그는 실제로 노인인 것이다. 오랫동안 청년인 채 살아온 인간도 얼마 후에는 노인이 될 수밖에 없는 것이다.'

그렇다. 자기와 동갑인 남녀에게서 시간의 작용을 느끼고 나서 마치 거울을 들여다보듯이 우리들 자신의 얼굴이나 마음에도 생긴 것을 알게 된다.

그것은 우리들의 눈도 시간의 흐름에 따라서 변화하고 있기 때문에 자기가 아직도 청년의 모습을 하고 있고, 청년다운 부끄러움이나 꿈이 있다고 생각하는 것이다.

젊은 사람들이 우리를 어느 세대로 여기는가에 대해서는 상상해 보려고도 하지 않는다. 때때로 가슴이 덜컥하는 말을 듣는다. 젊은 작가가 우리들에게 '선생'이라고 부르는 것이 아닌가.

우리는 우리 자신이 그들과 같은 세대라고 생각하고 있

는데 말이다. 그의 친구들이 젊으니까 자신도 아직 젊은 청년이라고 생각하는데 말이다. 조금 더 괴로운 경험도 있다.

어느 처녀의 소문을 말하면서 "바보야 그녀는, 늙은이와 결혼했대. 55세로 머리는 하얗게 세었지"라고 한다.

그럴 때, 아아, 나 역시 55세로구나 하고 생각하게 된다. 머리는 세었지만, 마음은 늙기를 싫어하기에….

그림자의 선(線)

노년은 도대체 언제부터 시작되는가.

오랫동안 우리들은 나이같은 것은 먹지 않을 거라고 생각한다. 마음은 여전히 가볍고 힘도 옛날 그대로라고 생각하고 있다. 그것을 몇 번이고 시험해 보곤 한다.

'청년 시절에 항상 올라가던 저 언덕을 그때와 같은 속도로 올라갈 수 있을까?…

역시 올라올 수 있었다. 정상에 올랐을 때 숨이 좀 가빴지만 그전과 같은 속도로 완주했다. 숨이 가쁜 것은 젊었을 때에도 마찬가지였다.'

청년에서 노년으로의 이행은 매우 완만하기 때문에 자기 자신은 거의 그 변화를 알아차리지 못한다.

가을이 여름에 이어지고 겨울이 가을에 이어지는 것도 아주 천천히 옮겨지고 변해 가기 때문에 하나하나의 변화되는 모습은 일상 생활에서는 발견할 수 없다.

그런데 가을은 마치 맥베드를 포위한 군세처럼, 아직 노란 반점도 생기지 않은 여름의 나뭇잎으로 몸을 감추며 살금살금 다가오는 것이다.

그리고 11월의 어느날 아침 갑자기 바람이 휘몰아 일어난다. 그러고 나면 황금빛 가면이 벗겨지고 그 뒤에는 해골처럼 앙상한 겨울이 고개를 든다.

초록색으로 물든 싱싱한 나뭇잎이 어느새 시들어 죽고, 몇 개의 가느다란 줄기만이 가지 끝에 매달려서 몸부림친다. 그러다 갑자기 불어닥친 바람이 겨울을 알리지만, 그것이 겨울을 만드는 것은 아니다.

병이란 인간의 숲을 습격하는 돌연의 폭풍우다. 나이에 비해 비교적 젊어 보이는 남녀가 있다.

"그녀는 참 이상해" 하고 우리들은 말한다. "저 남자는 정말 놀랄만해" 하고 우리는 그의 활동력 머리의 회전 속도, 싱싱한 담화 등에 감탄한다.

그런데 약간 무리를 한 다음날 젊은 사람이라면 감기나 두통으로 끝날 정도지만 폐렴이라든가 뇌일혈이라든가 하는 폭풍이 그를 엄습해 온다. 그리고 나면 며칠 만에 얼굴은 주름살 투성이가 되고 등이 굽어지며 눈빛은 광채를 잃는다.

우리들은 순식간에 노인이 되고 마는 것이다. 그러나 그것은 이미 알게 모르게 노화 현상이 내면적으로 진행되고 있었음을 말해 준다.

인간에게 있어서 이 가을이라는 계절은 언제부터 시작되는 것일까? 콘래드는 말했다.

"40세를 넘자마자 사람은 누구든지 눈앞에 가늘고 긴 그림자 한 줄기가 가로놓여 있음을 알게 된다. 그 줄을 건널 때마다 차가운 전율을 느끼고 자신은 이제 청년의 매혹이 사라지고 있음을 곰곰히 생각하게 된다."

오늘날에는 이 가늘고 긴 줄을 치는 때가 50세 전후로 바뀌고 있다. 그렇다고 해서 이 가로놓이는 그림자가 없어지는 것은 아니다.

그리고 그 그림자를 넘어갈 때는 아무리 원기왕성하고 건강한 사람이라도 콘래드가 말하고 있는 차가운 전율을 희미하게나마 느끼고 설령 순간적이라도 절망감을 피할 수는 없는 것이다.

'나는 이제 50세가 된다' 라고 스탕달은 묘하게도 바지의 허리띠 위에다 적어 놓았다.

그리고 같은 날 과거에 사랑했던 여인들의 이름을 정성스레 써 넣었다. 이 세상 누구 못지 않게 여성을 결정 작용의 다이아몬드로 장식할 수 있던 그였으나 그들은 모두 평범한 여자들이었다.

20세의 그는 자신의 연애 생활에 멋진 만남이 있으리란 공상을 하고 있었다. 그는 사랑할 줄 알고 사랑을 귀중하게 여겼으며 그러한 멋진 만남에 어울리는 남자였다.

그러나 그가 이상적으로 생각했던 여인은 마침내 나타나지 않았고 다만 그는 스스로 그녀들을 상상해서 작품을 통해 묘사했을 뿐이다.

결국 스탕달은 그림자의 기다란 선을 넘어서까지 만날 수 없었고 이제는 결코 만나지 못할 연인들을 생각하고 눈물지었던 것이다.

50세가 된 작가가 다음과 같은 생각을 하고 있다.

'나는 지금껏 무엇을 했고 무엇을 표현했단 말인가? 이야기 해야 할 때는 바로 지금부터다.'

그는 자신이 무엇을 써야 하는지 깨닫기 시작한 것이다. 그러나 일할 수 있는 세월이 앞으로 얼마나 남아 있는가?

이미 심장의 고동은 순조롭지 않고 눈도 밤에는 책을 읽을 수가 없다. 앞으로 10년이 가겠는가, 15년이 가겠는가?

'예술은 길고, 인생은 짧다.' 그전에는 도리에는 맞지만 지극히 평범하다고 생각되던 이 문구가 갑자기 심각한 의미를 갖게 한다.

자기에게는 저 프루스트와 같이 〈잃어버린 시간을 찾아서〉를 써 나갈 시간이 허락될 수 있는 것일까? 늙는다는 것은 머리가 희어지거나 주름살이 많아지거나 하는 것 이상으로 무언가를 시작하기엔 너무 늦었음을 의미한다. 승부는 끝났고 무대는 완전히 다음 세대로 옮겨졌다는 생각이 들게 된다.

노화에 동반되는 가장 나쁜 것은 신체의 쇠약이 아니고 정신이 무감각해진다는 점이다. 가느다란 그림자의 선을 남기고 사라져가는 것 그것은 행동의 능력이 아니다. 바로 행동의 의지인 것이다.

젊은 시절의 그 왕성한 호기심, 사물의 이치를 알고 또 이해하고 싶어했던 그 욕구, 새로운 세계를 알 때마다 가슴에 벅차오르던 그 커다란 희망의 정열, 미(美)에는 반드시 지(知)와 선(善)이 동반된다는 그 확신, 이성의 힘에 대한 그 신뢰, 이 모든 것들을 50년간 각양각색의 체험과 실의를 거듭하고 나서도 아직도 그러한 것들을 계속해서 가질 수 있을까?

그림자의 일선을 넘으면 사람은 부드럽고 온화한 빛의 지대에 들어간다. 욕망의 강한 빛에 눈이 현혹되지 않기 때문에, 사람이나 사물이 있는 그대로의 모습으로 보인다.

아름다운 여자가 마음도 훌륭하다고 어떻게 믿을 수 있는가? 한 여인을 사랑해 보지 않았는가? 세상은 진보된다고 어떻게 믿을 수 있단 말인가?

다난했던 생애를 통해서 아무리 급격한 변화라 해도 결

코 인간성을 바꿀 수는 없는 것이다.

단지 옛날부터의 습관과 낡은 의식만이 인류의 문명을 간신히 지키고 있을 뿐이다. '대체 그것이 무슨 이득이 되겠는가'라고 노인은 생각한다.

그런데 이 말은 노인에게 있어 가장 위험한 것이다.

그 이유는 "애써 봐야 무슨 소용이람!"이라고 말한 사람은 어느 날 "집 밖에 나간다고 무슨 소용이람!"이라고 말할 것이고 그리고 다음에는 "방에서 밖으로 나가도 아무 소용이 없을 거야", "침대에서 일어난들 무슨 소용이 있는가"라고 하게 되고 이 말을 신호로 하듯이 죽음이 다가온다.

그러므로 나이를 먹는 기술이란 무엇인가 희망을 유지하는 기술이라고 생각된다. 그리고 그것이 가능하다는 것을 제시하기 전에 우리는 늙음이라는 것 자체에 있는 자연적인 모습을 묘사해두지 않으면 안 된다.

늙음은 자연 그대로의 모습

극히 단순한 유기체는 몸이 둘로 나뉘어져서 각각 새로운 개체가 됨으로써 죽음을 면할 수 있지만 그들을 제외한 모든 생명은 그 종류에 따라서 좀 다르긴하나 어느 시기를 경계로 해서 늙어간다.

왜 하루살이는 2시간의 사랑을 쫓고 죽는 것일까? 또거북이나 앵무새는 1세기 이상이나 살아가는데 왜 메기나잉어에게는 3백 년의 생명이 주어지고 바이런이나 모차르트에게는 30년이라는 짧은 생애밖에 주어지지 않는단 말인가?

생각하건대 과연 '신의 섭리는 헤아릴 수 없다'이다. 인간의 평균 수명이 1세기 전까지는 대략 40년이었으나 현대의 문명이 고도로 발달한 나라에서는 70년에 근접하고있다.

이것은 엄청난 변화이며 이 상태로 나간다면 전쟁이나혁명이 위생학의 진보를 방해하지 않는 한 앞으로는 1백세까지 사는 일도 당연시 될 것이다.

하지만 그렇다고 해도 문제의 근본 자체가 변화된다고는 할 수 없다. 원시적인 것일수록 노년기는 참혹하다. 늙은 늑대가 존경받는 것은 먹이를 쫓고, 그것을 죽일 수 있는 동안뿐이다.

키플링은 〈정글 북〉 중에서, 나이가 들고 힘도 빠진 늙은 늑대를 따라서 적과 싸우지 않으면 안 되는 젊은 늑대들의 분노를 묘사하고 있다.

이 늙은 늑대 아케라가 순록을 잡으려다 실패한 날은 그에게 최후의 날이 되었다. 이가 빠진 아케라가 무리에서 벗어난 순간 한 젊은 늑대가 그의 숨통을 끊어 버린 것이다.

미개 민족은 이러한 점에서 동물과 흡사하다. 아프리카를 여행한 어느 나그네는 한 족장이 겁먹은 모습으로 울먹이면서, "저에게 머리 염색약을 주십시오. 머리가 회어지는 날이면 저는 젊은이들에게 죽습니다"라고 말한 것을 쓰고 있다.

남반구의 어느 군도에 살고 있는 민족은 그들 사이에서 누가 늙으면 친족들이 모여 그 노인을 야자나무 꼭대기에 올라가게 해서 나무를 흔든다.

그 나무에 붙어 있을 만한 힘이 남은 사람은 살 권리가 있는 것이며 만일 거기서 떨어지면 재판을 받고 동시에 형(刑)의 집행도 끝났다는 결과가 된다.

어쩌면 그렇게 난폭할 수 있을까 생각되지만 그러나 우리들의 세계 역시 야자나무는 있다.

정치가・작가・배우는 연설・강연・출연이라는 테스트를 받은 뒤에, 갑자기 세상 사람들에게서 "이제 그는 쓸모가 없게 됐어"라고 말을 듣는 일이 있다.

대부분의 경우 그 말은 죽음의 선고와 같은데 은퇴를 하면 생활이 비참해지고 실의는 병을 부리기 때문이다. 장군에게 있어서 야자나무는 전쟁을 말한다.

늙은 호색한에게는 젊은 여성이 떨어지기 쉬운 야자나무가 된다.

그 옛날 장관들의 관절이 어느 정도 젊은가를 시험하기 위해서 불이 활활 타오르는 둥근테를 빠져 나가게 했다는 원수는 야자나무 식의 정치를 실행했던 것이라 볼 수 있다.

좀더 문명화한 민족은 늙었다고 해서 죽이는 일은 없지만, 종종 심한 냉대를 하는 데는 변함이 없다. 몽테뉴는 무서운 이야기를 쓰고 있다.

나무를 깎아서 커다란 사발을 만들고 있는 아들을 보고 그 아버지가 무엇을 하느냐고 묻자 그 대답이 "아버지가 할아버지처럼 나이를 먹고 늙었을 때를 위해서 만든다"는 것이었다.

또 다른 이야기에서는 아들이 늙은 아버지의 머리칼을 움켜쥐고 문까지 끌고 가자 갑자기 그의 아버지가 소리쳤다. "그만 해, 나는 내 아버지를 여기까지만 끌고 왔었단 말야!"

농민의 세계는 자연과 가까운만큼 체력이 아직 많은 경우, 세대 관계를 좌우했다. 도시화한 사회마다 우선 그 사회의 연령이 문제시된다.

혁명기라든지 급격한 변화 시기에는 젊은 사람이 우위에 서게 되는데 그 이유는 젊을수록 순응이 빠르고 반사 신경도 뛰어나기 때문이다.

프랑스 대혁명 시기에 낡은 세대는 전쟁이란 직업 군인이나 하는 것이라고 생각했지만 젊은 세대는 대중들의 전투를 이해했던 것이다.

젊은이는 어제는 자동차를 운전했지만 오늘은 비행기를 조종한다. 문명 사회가 안정됐던 때와는 달리 오늘날과 같

은 심각한 위기의 시대에는 기득 지위와 연공(年功)과 돈
이 젊은이들에게 장애 요인이 되지는 못한다.

여기서는 젊음이 유일한 힘이다. 그리고 젊은이들에게
단순하고 명확한 목표를 제시하고, 위대하고 순수한 희망
을 주는 예언자가 지지를 받는다.

그것에 비해 옛날의 풍요로운 사회에서는 노인이 지배
하는 경향이 강하다.

내각이나 참모본부 등에서 지휘를 하는 것은 노인들이
다. 그것은 오랫동안 변화가 없는 사회일수록 경험이 가장
중요한 보배이기 때문이다.

영국과 같이 선례를 중시하고 관습에 따라 정치를 하는
나라에서는 장수(長壽)가 미덕이 된다.

옛날 중국에 있어서 노인은 정말 기사도적 경애를 받고
있었다. "머리가 희끗희끗한 사람이 무거운 짐을 들고 가
는 일들이 있어서는 안 된다"라고 중국인은 말했던 것이
다.

사람들의 가장 큰 관심사는 나이 많은 부모를 기쁘게
해주는 일이었고 부모의 임종에 참석하지 못하는 일이야
말로 비극 중의 비극이었다. 회합석상에서 발언할 수 있는
사람도 노인뿐이었다.

또 노인은 그 자식과 함께 살며 깊은 존경을 받았고 젊
은 부부 생활을 충고하기도 했다. 중국의 모든 학교에서
사용되는 독본에는 다음과 같은 말이 쓰여 있다.

'자식들은 누구나 여름에는 부채를 들고 부모 곁에 앉아
서 더위와 파리를 쫓아야 하고 겨울에는 부모의 잠자리를
덥히고 난로의 불이 꺼지지 않도록 주의해야 합니다.

그리고 벽에 구멍이나 틈새가 나지 않았나 문이 좀 열리지 않았나 늘 둘러보고 부모들이 틈에서 들어오는 바람을 맞지 않게 해야 합니다. 부모들이 언제나 기분 좋고 즐겁게 지낼 수 있도록 신경을 써야 합니다.'

그러나 이러한 감정이나 인정은 이미 현대의 중국에서는 볼 수 없는 형편이다.

젊은 정체(政體)라 해도 언제까지나 젊음을 유지할 수는 없다. 그리고 그 정체(政體)가 연륜을 쌓게 되면 성숙한 사람이 존중받는다. 물론 그 다음엔 노인이 존경을 받게 된다.

젊음이 제일이라는 신조로 지도자의 자리에 오른 사람도 젊음을 잃게 되는 법이다.

그는 〈정글북〉의 늙은 늑대처럼 오랫동안 자신이 늙어가는 것과 그로 인한 누추함을 감추려고 노력한다. 몸매가 흉해지지 않도록 신경을 쓰고 젊은이와 같은 대담하고 격렬한 행동을 하기도 하며 폭력의 힘을 믿지 않으면서 난폭한 짓을 해보인다.

그러나 조만간 세월은 그를 상원의원이 되게 하고 이어서 차가운 시체로 만들어 버린다.

이렇게 해서 젊은이의 지배와 노인의 지배가 자연스럽게 교체되는 것이다. 여기에 대해서 무엇을 요구하는가? 기도를 해도 소용없는 짓이다. 해결은 상황에 의하여 풀어진다.

젊은이는 급격한 변화나 새로운 발명에 대해서 승리를 얻는 것이고 늙은이는 안전과 견고한 전통에 대해서 위광을 발휘하는 것이다.

아마도 많은 세대의 인간을 통치하는 가장 훌륭한 정책
은 호메로스의 무인들이 채택했던 것이 아닌가 한다.

군대를 지휘하고 활약하는 것은 젊은 영웅들이고 그들
곁에는 어진 네스토르가 장관의 위치에 있었던 것이다.

늙음에 대하여

지금까지 말한 것은 노년의 문제를 사회 전반에 걸쳐서 본 것이다.

그러나 이것을 개인의 문제로 보면, 문제는 더욱 복잡해진다. 늙는다는 것은 여러 가지 곤란한 사태를 동반하고 오는데, 그러한 일들은 극복하기 어려운 것이 아니라고 생각한다.

그것의 극복을 위해서는 문제를 정면에서 잘 보고 시작하는 일이 필요하다고 본다. 따라서 이제부터 늙음에 수반되는 여러 가지 곤란한 점들을 모두 들추고 그것으로 인해 어두워지는 부분들을 묘사하지 않으면 안 되겠다. 이 불길한 전망이 전개되는 동안 부디 용기를 잃지 말기를 바란다.

나는 마치 의사와 같은 행동을 하고자 한다. 즉, 조심해야 할 위험한 병에 걸린 환자을 향해서, "주의하지 않으면, 지금부터 말하는 그대로 병세가 악화됩니다"라고 하고, 병세가 차츰차츰 악화되는 모양을 설명한다.

그리고 이러이러한 예방책을 강구하면 아무일도 일어나지 않을 거라는 말을 첨가한다.

그러므로 지금부터 말하려는 것은 늙은 사람에게 일어날 수 있는 불행이지만 그것을 방비할 수 있는 사람에게는 어떤 일도 일어나지 않는다.

약간의 예외인 사람을 제외하고는 인간의 육체는 기계

와 같아서 처음 약해지기 시작할 때 잘 손질하고 수리하면 아직 그런대로 쓸모가 있지만 마침내는 이젠 먼저의 신체가 아니라는 것을 느낄 때가 온다. 그렇게 되면 심하게 무리해서는 안 된다.

어느 정도 나이를 먹게 되면 몸을 움직이는 일이 괴로워진다. 가끔 손끝으로 하는 일이 불가능해지고 머리를 써서 하는 일도 끝내고 보면 매끈하지 못하고 거칠다.

물론 최후까지 자신의 재능을 완전히 표현할 수 있는 예술가도 있기는 하다.

볼테르는 65세에 〈캉디드〉를 썼다. 빅토르 위고는 말년에 매우 아름다운 시를 썼고 괴테도 〈파우스트〉 제2부의 훌륭한 종장을 그의 말년에 완성했다. 또 바그너는 69세에 〈파르시펄〉을 완성하였다.

현대에서도 그 예를 찾아본다면, 71세의 포르 크로델이 자신이 25세에 썼던 〈마리아의 계시〉를 모조리 고쳐 썼다.

그러나 이와 반대로 영감(靈感)이 굉장히 빠르게 퇴색하는 예술가도 있다. 그것은 대부분이 고뇌에 찬 청춘 시절의 정열 덕분에 재능을 얻었으나 외부 세계에 대해서는 한번도 관심을 보이지 않았던 사람들이다. 그들은 마음의 침묵과 함께 정신도 침묵해 버린 것이다.

"늙음은 폭군이다. 죽음으로 위협하면서 청춘의 모든 쾌락을 탈취한다"라고 라 로시푸코는 말하였다.

그가 말한 청춘의 쾌락이란 첫째는 쾌락 중에서도 가장 강렬한 것, 즉 사랑을 말한다. 나이가 많은 사람이 젊은이에게 사랑받는다는 것은 거의 바랄 수 없는 일이다.

아무리 얼굴이 젊어 보이고 육체가 건장한 노인이라도 젊은이와 결혼하여 같은 나이의 연인들처럼 모든 것이 일치되는 일이 불가능하다고는 할 수 없지만 무척 어려운 일이다. 확실한 반증을 들어 보겠다. 괴테와 벳티나의 경우가 그러하다.

그러나 괴테는 벳티나의 애인이 아니었다. 더욱이 이와 같은 성질의 연애에 있어서 존경과 숭배와 자기 희생이 어느 정도 되는가를 생각해 볼 필요가 있다.

독자는 보들레르의 저 멋지고 훌륭하면서도 잔인한 싯구를 기억할 수 있을 것이다.

> 아름다운 천사여, 당신은 알고 있는가 이마에 진 주름을,
> 늙어가는 것에 대한 공포를, 오래도록 정신없이 사랑을
> 긷던 눈 속에,
> 몸 바치는 것을 남몰래 싫어하던 마음을,
> 들여다보고 읽어 볼 때의 그 무서운 괴로움을,
> 아름다운 천사여, 당신은 알고 있는가, 이마에 진 주름을…

발자크는 사랑에 빠진 노인의 비극에 관한 작품을 여러 편 썼다.

지난날에는 가만히 있어도 여자들로부터 많은 사랑을 받았는데 지금은 선물 공세와 특별히 편의를 도와 주어야 겨우 웃는 얼굴을 볼 수 있는 처지가 된 것이다. 그래서 노인은 수완이 좋은 여자가 나타나서 광기어린 희망을 가지게 하면 그녀로 인하여 몸을 망치게 되었다.

유로 남작과 같이 여자에게 사랑의 증표를 얻기 위해서 영락되고 치욕과 인격 상실에까지 이르게 된다.

이 괴로움을 모두 겪은 샤토브리앙은 《사랑과 늙음》이 라는 무서운 책을 남기고 있다. 정말이지 그것은 나이를 어떻게 먹어야 좋은가를 모르는 늙고 사랑에 빠진 남자의 비통한 탄식이요, 괴로움의 절규다.

'여자를 무척 좋아하는 남자가 받게 되는 벌은 세월이 흘러도 늘 여자를 좋아한다는 것이다.' 그리고 남자를 굉장히 좋아하는 여자가 받게 되는 벌은 가끔 젊은 남자가 자기를 돌아다보고는 매우 놀란 듯한 목소리로 '저 여자는 젊었을 때 꽤 미인이었을 거야' 라고 하는 말을 귀담아 듣는 일이다.

때때로 마음 자체가 늙어 버리는 사람도 적지 않다. 나이가 들면 묘하게도 마음까지 삭막해지는 것이다. 아마도 그것은 육체의 욕망이 쇠퇴하고 정열을 저절로 힘있게 지탱해 주는 것이 없어지기 때문이 아닌가 한다.

어찌 되었든 노인들의 자기 중심주의에는 놀라지 않을 수가 없다.

아피르는 일생 동안 유니스와 함께 지냈다. 유니스가 27세 때, 그는 그녀의 애인이 되었다. 그는 유니스를 그녀의 남편 곁에서 떠나게 했지만 아피르 자신은 아내가 있었기 때문에, 그녀와 결혼할 수 없었다.

그러나 유니스는 가정·자식·세상의 명성과 친구들을 모두 희생하고서 아피르와의 쾌락과 그의 일과 출세를 위해 헌신했다.

사랑의 결합 뒤에는 오랜 우정의 세월이 계속되었다. 그가 80세였을 때 그녀는 70세가 되었지만 그들은 매일 얼굴을 마주했다. 마침내 그녀가 세상을 떠나자 그 둘을 알던 모든 사람들이 아피르를 동정하면서 "실망하여 죽어 버리지 않을까" 하고 말하였다.

그런데 아피르는 그런 기색은 조금도 없이 갑자기 기운이 뻗쳐 올랐다. 나이가 들어서 사랑을 못하게 되었을 뿐만 아니라 슬퍼하는 것조차도 할 수 없게 되었던 것이다.

이러한 노인의 자기 중심주의는 많은 우정을 멀리하고 만다. 만약 그에게 인간적인 따스함이 있다면 그것이 인생의 경험과 결부되어 젊은 사람들을 끌 수 있는데 그 따스함이 없는 것이다.

수전노 근성은 노인의 병이다. 그것은 생활의 궁핍에 대한 두려움에서 기인한다. 늙으면 수입을 얻기가 어렵고 더욱이 심한 노동은 할 수 없으리라고 생각하기 때문에 지금 가지고 있는 것에 애착을 느끼는 것이다.

모든 돌발적인 일들을 상정하고 헤아릴 수 없이 많은 비밀 장소를 만들어 몇 겹으로 장치를 해서 돈이 발각되지 않게 한다.

그러나 생활의 불안만으로 수전노가 되지는 않는다. 사람은 누구나 어떤 것에 대한 정열을 가지지 않고는 배겨나지 못한다.

그런데 돈을 모으는 정열은 어느 연령층도 마찬가지다. 이 정열에는 격렬한 쾌락이 있는 듯하다. 돈을 헤아리고 매만진다.

주가의 동향이나 귀금속의 시세를 쫓는다. 육체는 쇠약해졌지만 어떤 힘을 손에 쥘 수 있는 것이다. 인색한 근성에서 비용이 드는 것을 차례로 제거해 나갈 때 정열적인 수전노는 매우 놀라운 도취감을 맛보게 된다.

위에서 말한 것에 대해서는 발자크의 소설 〈으제니 그랑데〉를 읽기 바란다.

라브뤼에르는 다음과 같이 썼다. '노인이 돈을 모으는 것은 언젠가 필요한 것이라는 이유 때문이 아니다.

그런 걱정이 필요없을 만큼 많은 저축을 하고 있는 늙은 수전노도 있는 것이다. 거기에 또 저들이 안락한 생활을 할 수 없게 될까봐 걱정할 필요가 있을까?

수전노 근성을 만족시키기 위해서 자기 자신은 고통스러운 생활을 하고 있지 않은가?

따라서 이 악덕은 바로 노인이라는 연령과 기질에 그 원인이 있다. 사실 노인들은 젊어서 사랑의 쾌락을 추구했듯이, 장년기에 야망을 쫓아가듯이, 지금은 아주 자연스럽게 인색해져 있는 것이다.

수전노가 되는 데는 힘도 젊음도 건강도 필요치 않다. 단지 재산은 금고 속에 감추고 일체 모든 것을 끊어 버리면 되는 것이다.

그러므로 인색은 노인에게 알맞는 정열이다. 노인이라도 인간인 이상 무엇이 되었건 정열은 반드시 필요한 것이다.'

그리고 마지막으로 정신의 결점이 외모의 결점과 마찬가지로 세월과 함께 커간다. 새로운 사상은 이제 그것을 소화하여 수용할 힘도 없으므로 받아들이려고 하지 않고 완고하게 고집을 부리며 노인의 선입관에 안주한다.

자신은 경험도 있고 훌륭하다고 생각하고 있기 때문에, 어떤 문제라도 자기 생각대로 될 것이라는 확신을 갖는다.

비판을 받기라도 한다면 웃어른에게 대하는 예의를 모

른다면서 흥분하고 화를 낸다. 마치 아이들처럼 완고하고, 곧 성을 낸다.

'우리들 시대에는 어른들에게 반발하는 일이 없었다'고 도 한다. 그러나 사실은 자기가 젊었을 때 할아버지로부터 그것과 똑같은 말을 들었음을 잊고 있는 것이다.

현재 눈앞에 일어나고 있는 일에는 흥미를 가질 수 없 고 그래서 새로운 사고방식을 가지는 일이 불가능하기 때 문에 노인의 이야기는 항상 똑같다.

그의 이야기는 청춘 시절의 즐거운 일화이기도 하겠지 만 너무도 여러 번 되풀이함으로 해서 젊은이들의 청춘을 지겹게 만들어 버리고 만다.

그 이야기를 듣고 있으면서 젊은이들은 하품을 하거나, 서로 마주보며 히죽히죽 웃는다. 그러는 동안에 젊은이들 은 이제 자주 찾아오지 않게 되고 그럼으로써 노인에게는 고독이라는 가장 심한 병이 시작된다.

인생의 동료를 한 사람 한 사람 여의게 되면서 친구도 잃고 마침내 그의 주변에는 황량한 사막이 펼쳐진다. 그는 죽음을 원하지만 죽음은 바로 곁에서 무엇이라고 말할 수 도 없이 그를 위협하고 있기 때문에 죽음 역시 무서운 것 이다.

톨스토이는 다른 모든 분야에서와 같이 늙음에 대해서 도 매우 정확하게 묘사를 하고 있다.

〈전쟁과 평화〉의 끝부분을 보면, 나이 먹는 방법이 아 주 서툰 노파의 소름이 끼치도록 끔찍한 모습을 묘사하고 있다. '남편과 자식이 뒤를 잇기라도 하듯이 죽고 난 뒤에 그녀는 이제 자신의 일생에 아무런 목적도 가질 수 없고 이 세상에 홀로 버려졌다는 느낌을 갖게 되었다. 먹고 마시고 잠자고 밤늦도록 놀기는 하지만 생활을 한다고는 말할 수 없는 생태였다.

인생에 대해서는 아무런 감동도 받지 않았다. 그녀가 인생에서 얻고자 하는 것은 오직 안정뿐이었다.

그리고 진정한 안정은 죽음 속에서만 얻을 수 있다. 하지만 죽음을 기다리는 동안은 살아 있어야 한다.

즉, 생명력을 소모해야만 하는 것이다. 그녀에게서는 아직 어린 꼬마들이나 굉장히 많은 나이를 먹은 노인들한테서나 볼 수 있는 것들이 현저하게 보였다.

그녀는 외부로 향하는 목적이 없는 단지 생명 유지를 위한 기능만 되풀이하는 생활을 하게 되었다.

먹고 싶다, 잠자고 싶다, 울고 싶다, 떠들고 싶다, 일하고 싶다, 화내고 싶다 등의 욕망만이 있을 뿐이었다.

하지만 그것은 단순히 그녀에게 위장과 두뇌와 근육과 신경 그리고 간장이 있기 때문에 가능할 수 있는 것이다.

그런데 그렇게 하는 것도 외부의 자극에 의해서가 아니었다. 또 인생의 황금기에 있는 사람이 단 하나의 목적을 행해 정진하느라 그것 이외에 다른 일을 알지 못하는 그런 것과는 달랐다. 떠드는 것은 폐나 혀를 운동시키고 싶다는 육체적인 요구가 원인이 된다. 아이들처럼 우는 것도 코를 풀기 위해서였다.

마찬가지로 아침에는, 특히 기름기 있는 것을 먹은 다음 날 아침에는 공연히 화가 치밀어 오르는데, 그럴 때는 베로바 부인의 귀가 안 들리는 것이 핑계였다. 또 다른 핑계는 스너프였다.

바싹 말라 있다거나 축축하다거나 잘 부벼 놓지 않았다
고 화를 내는 것이다. 그렇게 화를 내고 나면 얼굴에 담즙
이 올라오기 때문에 그녀의 가정부들은 베로바 부인의 귀
가 벽창호가 될 때라든지 냄새 맡는 담배가 축축하게 젖
은 때라든지 그래서 마님의 얼굴빛이 노랗게 되는 때라든
지 하는 것들을 아주 정확한 징조에 의해 알아 맞출 수
있게 되었다.

담즙을 체내어 유통시킬 필요가 있음과 동시에 아직 남
아 있는 사고력도 가끔 사용해 보아야 했다. 그것을 위해
서 종종 트럼프를 가지고 점을 치기도 했고 울고 싶을 때
에는 죽은 백작의 이야기를 남들에게 들려주곤 하였다.

걱정을 하고 싶으면 니콜라스와 그의 건강이 구실이 되
었고 누군가에게 면박을 주고 싶을 때는 마리아 부인이
상대가 되었으며 말을 하고 싶을 때에는 항상 같은 이야
기를 항상 같은 사람이 듣게 되는 것이었다.

아무도 입 밖에 내어 말은 하지 않았지만 근친자는 모
두 그녀의 이러한 상태를 알고 있었다. 그리고 가능한 한
그 욕구를 만족시켜 주려고 애썼다.

다만 니콜라스와 피에르 그리고 나타샤와 마리아 백작
부인만이 반은 웃음을 머금고 반은 동정을 느끼는 듯한
눈길로 그녀의 상태를 어떻게 생각하고 있는지 표현했다.

그러나 이 눈길은 또 다른 의미를 가지고 있었다. 그녀
는 이제 이 세상에서의 역할을 다한 것이다. 지금 보여지
는 모습은 그녀의 전부가 아니다.

그 누구라도 언젠가는 그녀처럼 될 것이다. 지난날에는
가장으로서 존경받고 활기가 넘쳤는데 지금은 이렇게까지

비참한 모습이 된 그녀에게 참고 순종하는 것도 하나의
기쁨이 될 수 있다.

'너 또한 죽어야 할 몸이다' 하고 그들의 눈길은 말하고
있는 것이다.

다만 가족들 중에서 아주 심술꾸러기와 진짜 바보와 어
린 아이들은 그 사정을 이해하지 못하고 노부인에게서 떠
나갔다.'

늙음이 얼마나 위험한가를 하나하나 탈취해 가며 육체
와 동시에 마음도 메마르게 한다. 그리고 모험과 우정을
꺼리게 되고, 최후에는 죽음까지도 생각하며 세상이 모두
어둡게 느껴진다. 어쩌면 이리도 음산한 모습이 될 수 있
는가….

훌륭하게 늙기 위하여

요컨대 훌륭하게 늙는 데는 두 가지 방법이 있다. 첫번째는 나이를 먹지 않는 것이다.

우리들이 그래온 것처럼 활동을 함으로써 노화를 모면한 사람들이 그러한 예다. 파우스트 신화가 뜻하는 것도 거기에 있다.

괴테는 작품의 맨 마지막 장에서 그 뜻을 완성시킨 것이다. 늙은 파우스트는 외모만 젊어졌을 뿐, 사랑·쾌락·야망 등 모두에게서 배반당하고 만다.

그러나 일이 최후로 그를 구조한다. 죽을 날이 가까워지고 눈 먼 장님이 된 파우스트는 구정물이 고인 늪을 메움으로써 나쁜 냄새를 풍기던 늪지를 사람이나 가축이 살 수 있는 토지로 개조하는 일을 스스로에게 부여하였다. 그는 말한다.

"그렇다. 이 계획이야말로 내 일신을 바칠 만한 일이다. 자유와 생명의 가치를 얻으려면, 매일 그것을 획득해야 한다. 자유로운 땅에서, 자유로운 인민들 속에서, 자유로운 활동을 할 수 있다면!

그러면 나는 시간을 향하여 외치리라. '멈추어라. 자네는 실로 아름답네' 라고.

이 최고의 기쁨을 예감하면서 나는 지금 무어라 표현할 수 없는 인생의 시간을 맛보고 있는 것이다" 라고….

그 순간 파우스트는 넘어지고 그리고 죽는다. 모든 것을 성취한 것이다. 메피스토펠레스는 자신에게 팔려져 있는 이 영혼을 자기의 본령인 지옥에까지 끌고 가려고 한다.

그러나 바로 이 순간 천사들이 내려와서 파우스트 중에서 이 불사(不死)의 부분 한번도 행동하는 것을 포기하지 않고, 그것으로 인해서 구원을 받을 수 있었던 이부분을 하늘로 옮겨 가는 것이다.

훌륭하게 늙는 두번째 방법은 늙음을 받아들이는 것이다. 노년은 마음의 번뇌를 끊어 버린 조용한 시기이고 따라서 행복한 시기라고도 할 수 있다.

투쟁의 시대는 지나갔으며 모든 시합도 끝났다. 죽음의 휴식도 바로 가까이에 있다. 새로운 불행의 습격을 받는 일도 이제는 없다. 늙은 소포클레스를 향해 '아직도 사랑의 기쁨을 음미하고 계십니까?' 라고 묻는 사람이 있었다. 그는 대답하여 말했다.

"그 따위 짓거리는 이제 그만이야. 광폭하고 매정하고 야만스러운 주인에게서 도망친 노예처럼 사랑에서 해방된 난데 말이야."

나는 사색하는 철학자와 비슷한, 찬양할 만한 노인 몇 사람을 만났다. 그들은 애욕의 폭풍우뿐만 아니라 미래에 져야 할 책임에서도 해방되고 젊은이들을 부러워하기는커녕 젊은이들은 지금부터 인생이라는 거대하고 사나운 파도를 넘지 않으면 안 되는 것을 오히려 딱하게 생각하고 있을 정도였다.

어떠한 몇 가지 쾌락은 상실했지만 그 일을 아쉬워하기는커녕 남겨진 즐거움을 마음껏 음미하고 있다. 남에게 충고 따위를 해도 아무 소용없는 노릇이고 인간은 어차피

한 사람 한 사람이 각자의 인생을 살아갈 수밖에 없다는 것을 잘 알고 있다.

그러한 노인의 회고담에는 듣기 싫게 늘어놓는 잔소리가 조금도 없기 때문에 기꺼이 귀를 기울이고 싶어지고 또 곤란한 사태가 발생했을 때는 그가 다시 또 지휘를 해 주었으면 좋겠다고 생각한다.

노인은 남을 지휘하고자 하는 마음이 털끝만큼도 없고 또 그걸 알고 있으니까 더욱더 지휘를 맡기고 싶어지는 것이다.

흉하게 늙는 것을 보면 그 방법이 두세 가지가 아니다. 추악한 짓은 자기를 떠나가는 것에 매달려서 놓치지 않으려는 일이다.

자기의 지위를 다음 세대에게 넘겨 주려 하지 않는 늙은 실업가는 어디서나 흔히 볼 수 있는 예다.

아이들을 권좌에 참가시킬 만한 지혜가 있다면 좋은 부모라도 얼마나 칭송받고 경보받겠는가.

그런데 무서운 표정을 하고, 그들을 마치 노예 같은 위치에 잡아매어 둔다.

자식들은 가난한 생활을 하게 해놓고 자기 혼자만 이제는 성취될 수도 없는 쾌락의 댓가, 즉 돈을 수전증으로 떨리는 양손에 움켜쥐고 있는 욕심꾸러기 부모도 있고, 앞으로 며칠만 있으면 죽음을 맞아야 하는데도 아직까지 질투와 후회에 사로잡혀서 인생 최후의 시간을 허무하게 소비해 버리고 마는 늙은 야심가도 있다.

나이를 먹는 기술이란 뒤를 이을 후세들의 눈에 장해물이 아니고 지주적인 존재라고 여겨지는 기술, 경쟁 상대가 아니고 상담역으로 보이는 기술이다.

퇴직에 관해서는 하고 싶은 말이 많다. 퇴직이 죽음과 이어지는 사람도 있는데 이들은 마음의 준비가 되어 있지 않은 사람들이다.

왕성한 호기심을 지속해서 가지고 있는 사람이라면 퇴직 후의 시간은 인생에서 가장 즐거운 때가 되는 것이다. 퇴직이 즐거운 일이 되기 위해서는 무엇이 필요한가?

영광의 허무함을 알고 평범한 인간으로서의 편안함을 구하는 마음이다. 자기 마을이나 집안의 정원에서 자신의 힘으로 할 수 있는 조그마한 일을 가져야 한다.

현명한 사람은 세속의 사업에 시간을 바치고 난 다음에는 자기 자신의 일과 교양을 위해서 시간을 보낸다.

직장에 있을 때부터 이미 시가나 미술, 자연과 사귀고 있는 사람이라면 그것은 한층 용이해진다.

나의 노후를 말한다면, 인생의 최후를 가장 아름답게 지내는 방법으로 언젠가 도시에서 그다지 멀리 떨어지지 않은 시골에 은거하며 지금까지 애독해 오던 몇 권의 책을, 다시 한 번 주를 달아가면서 읽어 보는 일이라고 생각한다.

"마치 겨우살이 같은 기생 식물이 말라 죽은 측백나무에 붙어 살듯이 인간의 지성은 노년이 되었을 때, 비로소 꽃피지 않으면 안 된다"라고 몽테뉴는 말하고 있다.

이미 이 세상을 떠난 사람들은, 이제는 죽음으로 인하여 이별해야 할 염려가 없는 친구들이다. 문호라고 불리는 사람들은, 우리의 죽어 없어지지 않을 친구다.

지난날 우리의 청춘을 일깨워 주고 매혹시킨 것처럼 지

금은 우리들의 노후를 아름답게 해주고 있다.

음악 또한 우리들의 더없이 충실한 친구다. 그것은 나이를 먹음으로써 인간 감정의 아름다움을 믿지 못하게 되어버린 사람들에게 매일매일 새롭게 창조되는 아름다운 세계를 보여준다.

어느 날 밤에 나는 오페라 극장에서 베토벤의 제7교향곡을 감상했는데 그 멋진, 정말 최고로 멋진 연주가 끝났을 때 주위에 있던 사람들의 표정을 살펴본 일이 있었다. 늙은 사람, 젊은 사람 할 것 없이 모두 감동과 기쁨으로 자아를 잊어버린 듯했다.

물론 그들 가운데는 인생을 배반당했기 때문에 성격이 비뚤어지고 영혼도 시들고 마음까지 권태로워진 사람도 있었으리라.

그러나 그러한 사람들도 다른 사람들과 마찬가지로 그 음악에 황홀한 듯 취해 있었다. 음의 파도에 흔들리고, 주선율(主旋律)이 선동하는 물보라에 애무당하고, 천재의 열기에 의해 따뜻하게 녹여지며 영혼의 자유를 얻은 사람들은 자신의 나이도 잊고 세상을 원망하는 한도 잊은 채 모두들 지복(至福)의 감정에 몸을 맡기고 있었다.

그들과 함께 거의 천상으로 이어지는 듯한 행복감을 나누면서 나는 옛날의 대귀족들이 자기가 가장 좋아하는 음악을 들으면서 죽는 방법을 선택하였던 마음을 이해할 수가 있었다.

"인생이 사랑에 의해서 시작되고, 큰 뜻에 의해서 끝난다면 그건 얼마나 행복한 일인가"라고 파스칼은 말했다.

모든 큰 뜻을 성취하거나 초월해서 인생을 조용한 마음

으로 끝낸다면 그것은 더없이 행복한 일이리라.

50대 그림자의 선을 넘어선 후, 10년 또는 20년 뒤에, 이번에는 빛의 선을 가로질러 가게 될 것이다.

처음으로 늙었다는 것을 자각했을 때는 무척이나 괴로워한다.

아직은 자기 세상이라고 생각했는데 세상은 벌써 새로운 세상과 새로운 스승을 향하고 있다는 사실이 충격적인 것이다.

그러나 지금은 이미 자신에게 속해 있지 않은 시대를 무사무욕(無私無欲)한 혜안(慧眼)의 관찰자 입장에서 바라봄으로써 착 가라앉은 조용한 행복감을 맛볼 수 있게 된 것이다.

그들의 온화한 표정과 밝고 순진한 눈빛의 빛남은 그 마음 속을 충분히 말해 주고 있다. 그렇다. 늙음은 지옥이고, 그 문에는 '여기에 들어오는 사람은 모든 희망을 버리라' 라고 써놓아야 한다는 것은 순전히 거짓말이다.

노인들이 왜 절망적인 마음을 가지게 되는지, 우리들은 그 원인을 분석해 왔다.

그리고 그 중에서 어느 한 가지도 구원받지 못할 것이 없다는 사실을 알게 되었다. '늙은 몸은 힘을 상실하는가?' 라고 물어 보았다. 그랬더니 그것은 연령의 문제보다도 오히려 건강의 문제였다.

고집이 세어서 굴하지 않는 노인이 있는가 하면, 기력을 잃고 연약하기 이를 데 없는 젊은이도 있다.

노인에게는 쾌락이 없어졌을까? 아니다. 노인에게는 노인 나름의 쾌락이 있다. 그것이 덧없고 허무한 일이라는

걸 알고 있느니만큼 한층 사랑스럽고, 한층 감미롭게 여겨
진다는 즐거움이 있다.

노인은 활동의 기회를 박탈당하는 것인가? 천부당만부
당한 말이다. 많은 경우, 노인은 젊은이보다 더 훌륭하고
솜씨 있게 일하고 훌륭하게 지휘하고 통치하는 것이다.

노인은 친구를 잃게 되는가? 친구를 얻을 만한 노인이
라면 오히려 많은 벗들에게 둘러싸이게 된다.

그리고 마지막으로 노인은 죽음의 공포 속에 있어야 하
는가? 결코 아니다. 이러한 두려움은 신앙의 철학이 멀리
쫓아 버린다.

나이를 먹지 않으려면

나이를 먹지 않는 기술이란 이와 같은 괴로움이나 병을 극복하고 인생의 종말을 행복하게 보내는 일이다.

괴로움이나 병과 싸우는 일—말은 쉽지만, 그것이 그렇게 가능한 일인가? 늙음이란 자연적이고 생리적인 변화이며, 피할 수 없는 일로써 받아들여야 하지 않을까?

먼저 늙음이라는 것을 가을의 나뭇잎에 비유해 보았다. '자기 잎을 낙엽지게 하고 싶지 않다고 생각한 나무' 라는 우화를 써보면 어떨까? 그 나무는 자기 잎을 꼭 잡아 붙이고, 꿰맸지만 아무 소용이 없었다.

일정한 시기가 되면 가을의 찬바람이 그 나무를 주위의 모든 나무와 함께 시커먼 해골로 만들어 버리는 것이다.

그러나 인간의 문명과 경험은 늙음 그 자체에 대해서는 아니더라도 늙음의 표현에 대해서 싸우는 기술을 가르치고 있다.

장신구의 주요한 역할이 바로 거기에 있는 것이다.

대부분의 나이 든 여자들이 젊은 여자들보다 의복과 악세사리를 중요시하는 것은 극히 당연한 일이다. 반짝반짝 빛나는 보석은 타인의 눈길을 끌고 외모의 결점을 보완해 주기도 한다.

아름다운 진주 목걸이의 달님같이 둥글고 윤택 있는 구슬은 살이 빠진 목에 보이는 주름을 감추어 준다. 반지의 광채는 주름진 손을 감싸주고 팔찌는 손목이 늙은 것을 보이지 않게 해준다.

또한 머리에 쓰는 모자나 귀걸이는 미개 민족의 문신과 마찬가지로 상대방의 눈을 현혹시켜서 이마의 큰 주름과 눈꼬리의 잔주름을 헤아리지 못하게 한다.

젊음과 늙음의 차이점이 눈에 띄지 않도록 하려는 것은 모두 문명적인 영위다.

역사상 가장 세련된 시대는 가발을 고안해 냈다. 모발이 대머리에 대해서 충성을 했다고나 할까. 분이나 연지는 젊은 여성과 그의 할머니를 가깝게 했고 병자를 건강하게 보일 수 있도록 했다.

양장점이나 미용원이 수입을 올리려면 나이든 여성에게 어떠한 희망을 줄 수 있는 유행을 생각하면 된다.

어느 나이를 넘게 되면, '어떤 옷을 입을까' 라고 생각하는 것은 어떻게 해서 자신의 늙고 흉해진 모습을 감출까 하는 생각과 같다.

그것은 하나의 문명인 것이다. 베일을 고안한 것은 얼굴 모양이 뚜렷하게 나타나지 않음으로 해서 미녀같이 보일 수 있다고 하는 매우 대단한 발명이었다.

장신구는 모두 이 베일과 같아서 늙고 쇠퇴한 모습을 조금이나마 감추려고 하는 것이다.

어느 날엔가는 과학의 진보에 의해 나이를 먹어도 몸이 쇠약해지거나 손상되지 않는 일이 생길 것인가? 과학은 진정한 젊음의 샘을 팔 수 있을 것인가?

인간의 나이는 생년월일에 의해서가 아닌 동맥이나 관절의 연령에 의해 결정된다는 말을 종종 듣는다.

50세의 사람이 70세의 사람보다 실제로 더 늙을 수 있는 것이다.

따라서 세포를 생리적으로 젊은 상태로 되돌아가게 한다면 몸 전체를 젊게 할 수도 있지 않을까?

생물학자들은 하등 동물에게 이미 그러한 일들을 실현하였다. 단순한 생물, 이를테면 대서양에 서식하는 피농류를 잡아다가 소량의 바닷물 속에 넣어두면 자기의 배설물에 중독되어 갑자기 노화한다.

그런데 매일매일 물을 갈아주면 노화는 정지된다. 인간 세포의 노화도 배설물의 축적에 의한 것이라면 적당한 간격으로 그것을 씻어 내림으로 해서 수명을 연장시킬 수 있을지도 모른다.

또 마찬가지로 동물이나 인간에게 어떤 기관을 이식하거나 어떠한 종류의 호르몬을 주사해서 젊어지게 하는 일도 시도되고 있다.

늙은 쥐에게 그러한 처방을 하면 몸에 윤기가 돌고 외양도 아름다워지며 활기를 되찾고 사랑까지도 하게 된다.

그 효과는 약 1개월간 계속되며 4회까지 반복할 수 있다. 이렇게 함으로써 쥐의 수명은 1.5배로 늘어나고, 그만큼 쥐는 행복한 것처럼 보인다.

그러나 이 처방도 계속해서 실시하게 되면, 효과의 지속 기간이 짧아지고 노화 현상은 빨라진다.

보로노프 박사의 숫양에 대한 실험은 이미 다 알고 있는 사실이다.

그런데 같은 처방이라도 인간에 대해서는 그 효과의 확실성을 말할 수 없다. 그렇다 하더라도 건강에 조심만 하면 80세나 그 이상까지도 살 수 있는 오늘날에 수명의 연구에 관한 일은 별로 큰 문제라고 생각지 않는다. 도대체 그 이상 살고자 하는 사람이 있겠는가?

80년 동안에 사람은 모든 것을 다 볼 수 있다. 사랑도, 사랑의 종말도, 야망도, 야망의 허무함도, 주의 주장에 열중했던 일도 두세 번, 지금은 그런 것들도 시들해졌다.

죽음의 공포 또한 그리 두렵지 않다. 애정을 쏟아야 할 사람들은 거의 모두 이 세상을 떠났고 그리움이 깃든 추억도 이미 과거 속에 묻혀 버렸다.

"홀로 남은 나는 신화에 나오는 인물인 것처럼 느껴진다"라고 괴테는 말했다.

관객을 바꾸지 않은 채 계속해서 영화를 상영하는 극장은 따지고 보면 관객이 아침부터 밤까지 몇 번이고 같은 영화를 보아도 된다는 이치가 된다.

그러나 실제로는 한 번 보았던 장면이 또 나오면 지루해져서 영화관을 나와 버리게 된다. 인생이란 같은 영화를 반복하여 상영하는 것과 같다.

동일한 뉴스 영화가 30년마다 반복 상영된다. 지루해진 관객은 한 사람 한 사람 자리를 떠나 퇴장한다.

영국의 자가 그루프가 웰즈의 70세 생일을 축하했을 때의 일이다.

웰즈는 한바탕 연설을 했는데, 이렇게 생일 축하를 받으면, 어린 시절 유모가 '자, 헨리 도련님, 이제 주무실 시간입니다'라고 하던 때의 기분이 생각난다고 말했다. 자야 할 시간이라고 주의받은 어린이는 싫다고 말하지만 사실은 잠이 쏟아져 견딜 수 없고 침대야말로 유일한 휴식처라는 것을 잘 알고 있다.

웰즈는 또 이렇게 말했다. "죽음은 상냥하지만 매우 엄격한 유모입니다. 때가 되면 우리 곁으로 다가와서 '자, 헨리 도련님, 이제 주무실 시간입니다' 라고 고할 것입니다."

우리는 잠시 저항하지만, 실상은 휴식해야 할 시간이 왔음을 알아차린다. 그리고 마음 깊은 곳에서는 실로 이 휴식을 원하고 있는 것이다.

훌륭하게 나이를 먹는다는 것은

인생의 길이가 한정되어 있다는 것은 그리 슬프지 않게 받아들이더라도, 적어도 심신은 모두 건강하고 곱게 죽을 수 있기를 바란다.

그것이 가능할까? 물론 가능하다.

앞에서 우리들이 말했던 불행과 병이 늙으면 반드시 찾아 온다는 생각은 잘못이다.

동물들을 보라. 그들의 대부분은 커다란 변화없이 삶에서 죽음으로 옮겨 간다. 아주 잘 훈련된 육체는 유연함과 아름다움을 오래도록 유지할 수가 있다. 그 비결은 결코 포기하지 않는다는 데 있다. 어제 할 수 있었던 일은 오늘도 할 수 있다.

그러나 일단 중단하면 그것은 영원히 이루지 못한다. 끊임없는 훈련은 놀랄 만한 성과를 낳는다.

70세가 되었는데도 아직까지 매일 검술이나 테니스 그리고 수영과 복싱을 하고 있다는 노인도 많다.

최후까지 몸을 움직인다는 일이야말로 현명한 길이다. 다만 변덕스럽게 생각날 때마다 하는 것으로는 아무 소용이 없다.

일단 노화가 시작되면 그것을 저지하기란 도저히 불가능하다. 그러나 늙음이 몸 안으로 파고들어오는 것을 방비하는 일은 별로 어렵지 않고 또 그렇게 하는 편이 바람직하다.

몽테뉴는 말하였다. "인간의 몸이 여러 가지로 건강을 해치는 것을 좀 더디게 하려고 하거나 또 거기에 대비하려고 하는 일은 매우 어리석은 짓이다. 나는 노인이 되지도 않았는데 미리부터 자기 자신을 체념하는 것보다는 노인의 자연스러운 상태로 있는 편이 바람직하다고 본다."

그러므로 아직 그때가 오지도 않았는데 자기 육체나 감정 생활을 체념부터 해서는 안 된다. 육체와 마찬가지로 마음도 훈련이 필요하다.

물론 느끼지 못하는 것을 억지로 느끼라는 것은 아니다. 단지 늙었다는 이유만으로 마음 속에 느끼는 것을 눌러 버릴 필요가 어디 있겠는가?

노인의 연애는 우스꽝스럽기 때문인가… 그러나 그것은 자신이 늙은이임을 망각하기 때문에 우스꽝스럽게 느껴질 뿐이다.

진실로 사랑하는 노부부는 조금도 우스꽝스럽지 않다. 아직 젊던 시절부터 서로가 나누던 사랑을 지금까지 계속하고 있는 것이다.

깊은 관심으로 아껴 주고, 상냥하고 정겹게 대하고, 존경하는 마음에는 나이가 문제시되지 않는다.

뿐만 아니라 폭풍우의 세월을 지내고 지난날에는 다소 불완전했던 사랑이 나이가 들면서 불순물을 씻어 버리고 화려하지는 않더라도 아름다운 멋을 갖게 되는 것은 흔히 볼 수 있는 일이다.

관능의 오해는 관능과 함께 사라져 간다. 질투하는 마음도 젊음과 함께 잃어버린다. 폭력조차도 육체의 힘과 더불어 쇠퇴해진다.

세월은 격정의 포로였던 두 사람을 매력적으로 만들 수도 있는 것이다. 그래서 부부의 인생은 강물의 흐름에 비유되곤 한다.

수원(水源)에서 막 흘러나올 때는 물보라를 일으키는 급류였지만 강구(江口) 가까이 가게 되면 흐름이 완만해지고 맑은 물로 가득 찬 아름다운 강을 이룬다.

그것의 수면은 거울같이 잔잔하고 넓어서 강가의 포플러 나무나 밤하늘에 떠 있는 별들의 모습을 비추는 것이다.

노인의 사랑도 젊은이의 사랑만큼 감동적이며 진지할 수 있다.

거기에는 맑은 우정과 동시에 연심(戀心)이 낳는 격렬한 불안과 상냥스러운 관심도 있는 것이다.

빅토르 위고는 눈먼 장님이 된 레카미에 부인과 중풍에 걸린 샤토브리앙이 서로 가까이 다가서는 모습을 보고 깊은 감동을 받았다고 술회하고 있다.

매일 2시에는 샤토브리앙이 레카미에 부인의 침대 곁으로 옮겨져 왔다. 그것은 감동적인 정경이었다.

이제 앞을 볼 수 없는 여자의 손은 수족이 마비된 남자를 더듬어 찾는다. 그리고 두 사람의 손이 만난다. 얼마나 기쁜 순간이랴. 얼마 후면 생명의 불이 꺼질 두 사람이 아직 서로 사랑할 수가 있는 것이다. 사랑의 힘은 늙음도 이겨낼 수 있다.

디즈렐리는 브랫포드 부인과 한 번 만나기 위해서 매일 밤 사교계를 드나 들었다. 칙서(勅書) 송달리는 마치 부인의 시녀라도 된 듯했다.

'그들은 온종일 곁에 대기시켜도 좋습니다. 무슨 명령이든지 내리십시오.'

브랫포드 부인은 디즈렐리를 약간은 괴롭혔다. 그러나 로망이 없이는 살 수 없는 기질인 그에게, 부인은 인생 최후의 꿈을 안겨 준 것이다.

코케트리로서 노인에게 환상을 안겨 주고 청년과 같은 괴로움으로 빠져들어가게 하면서 조용히 죽음이 있는 곳으로 데려다 주는 것, 그것은 여성의 역할이다.

꺼졌다고 생각한 장작불이 갑자기 타닥타닥 타오르듯, 이젠 꺼지고 말았다고 생각했던 감정 생활이 놀랄 만한 불꽃을 타올리며 빛나는 모습을 우리는 몇 번이나 볼 수 있지 않았던가.

감정 생활이 꼭 연애에만 한정되어 있는 것이 아니다. 대개의 경우, 아들이나 손자에 대한 애정만이 노인의 생활을 채우는데에 충분하다. 자기의 아들, 딸이 자신의 뒤를 따라서, 인생의 길을 가는 모습을 바라보는 것은 과연 즐거운 일이다.

그들의 행복을 기뻐하고 그들이 우리를 대신하여 인생의 게임을 해주고 있는데 어떻게 이 시합에서 떠나갈 수 있는가. 그들이 쾌락을 느끼고 있는 한 우리는 쾌락과 단절되어 있지 않다.

맨 처음 서커스를 구경하러 갔을 때 기뻤던 것만큼이나 크나큰 기쁨은 자기의 아들을 처음으로 서커스에 데리고 가는 일이 아니었던가.

좋아하는 시인을 발견한 행복감 다음으로 크나큰 행복감은 자기 아이들이 그들에게 선택해 준 책을 잃고 얼굴

가득히 감탄과 기쁨의 표정을 나타내고 있는 것을 보는 일이 아니겠는가.

나이를 먹고 쾌락도 한정된 몸에는 그 어떤 사랑하는 사람들을 기쁘게 한다는 것은 무엇보다도 즐거운 일이 아니겠는가.

할아버지와 할머니와 손자가 부모와 자식보다 더 끊지 못할 강한 정으로 결합되는 일도 있다. 노인은 세상사에서 물러나 있기 때문에 다시 어린 시절의 홀가분함과 자유로운 기분으로 돌아가 있다.

언제든지 놀이 상대가 되어줄 수 있고 옛날 이야기를 들려주거나, 아이들의 상담 역할도 한다.

더구나 아이들의 체력은 노인의 체력과 잘 어울린다. 자기 자식과 뛸 수는 없어도 손자를 따라서 아장아장 걷는 일이라면 가능하다.

인생의 첫걸음과 인생의 마지막 걸음걸이는 리듬이 같다. 최초의 산보와 최후의 산보의 종점은 같은 원주 위에 있다.

노인은 반드시 고독하다는 말도 진실은 아니다. 수전노여서 자기일만 생각하고 잘난 체하며 잠꼬대 같은 잔소리만 늘어 놓는 노인이라면 그렇기도 하리라.

그러나 자기 속에 있는 노인 특유의 결점을 잘 인식하고 스스로 친절하려고 노력하는 노인에게는 젊은이들이 우정을 바라고 그의 경험을 배우기 위해 가까이 다가올 것이다.

노인에게 있어서 곤란한 문제는 자신의 경험을 청년들에게 전해줄 때 어떻게 해야 그들의 열정이 상처를 입지 않도록 얘기할 수 있는가 하는 점이다.

그렇다고 해서 경험이 열정은 어리석은 짓이라고 가르치는 것은 아니다. 다만 세상의 모든 것은 실행 여하에 달려 있다고 가르치고 있다.

허풍을 떠는 과장된 연설이나 말이 아니고, 커다란 사업이나 미덕을 행하라고 가르친다. 청년들도 그러한 가르침이라면 그것을 가르칠 자격이 있는 노인들의 말에 귀 기울이는 법이다.

나이 80세를 바라보는 리요테 장군은, 노장군의 명망을 따르고 희망과 신념의 교시를 회구하며 모여드는 젊은이들에게 언제나 둘러싸여 있었는데 그것은 정말로 아름다운 정경이었다.

메레지스나 말라르메, 베르그송을 방문하는 사람들도 반드시 무엇인가 훌륭하고 고귀한 사상을 얻었고 마음을 풍요롭게 했던 것이다. 많은 친구를 가진 노인은 지루한 것을 모른다.

해마다 12월 중순이 되면 나는 라둘비의 나지막한 언덕길을 지나서 한 조촐한 주택을 향해 걸어간다.

로마 지방의 농가와 비슷한 그 집에는 가브리엘 애노트가 살고 있었다. 내리막 길의 바로 옆에는 2천 년이나 된 올리브 나무가 무성한데, 그 풍경은 베르길리우스를 연상케 했다.

오렌지나무 아래 꽤 기울어진 경사면을, 이 나무 주인이 85세의 고령임에도 불구하고 젊은이보다도 더 빠른 걸음걸이로 이쪽을 행해서 올라온다.

그 목소리는 또 듣기에 상쾌했다. "내 말은 루이 15세

시대의 프랑스 말입니다. 할머니께 배웠습니다. 그 할머니는 또 그 할머니께 배운겁니다." 애노트의 양식에는 그 말의 음률과 마찬가지로 옛스러우면서도 새로운 것이 있었다.

"당신에게 자극이 필요하게 되었을 때 외워 보면 좋은 교훈을 몇 가지 가르쳐 드리지요. 간단한 문구지만 효과가 있어요. 즉, '모든 일은 일어난다…. 모든 것은 잊혀진다…. 모든 것은 결말이 난다…. 누구도 무엇 하나 알고 있지는 않다. 모두가 모두의 일을 어떻게 말하고 있는가. 만일 모두가 알고 있다면, 아무도 다른 사람의 말을 지껄이지 않게 되리라.'

나는 이 맨 끝의 문구가 더욱 마음에 들었다. 그리고 그 덕분으로 수많은 세상 소문에 괴로워하지 않고 넘길 수 있었던 것이다." 애노트는 계속해서 말했다.

"특히 주의할 점은 무서워해서는 안 된다는 겁니다. 당신을 한발 물러서게 한 상대편도 역시 당신을 무서워하고 있는 겁니다."

이러한 노인이야말로 역사의 연구와 오랜 인생 경험에서 절망이나 무관심이 아닌, 마음의 평화와 인간에의 신뢰를 배운 사람이다.

85세의 그는 많은 계획을 세우고 긴 여행을 생각하고, 건물을 세우고, 나무를 심었던 것이다.

마찬가지로 리요테 원수는 식민지 박람회가 막을 내린 후 나에게 말했었다. "자, 그럼 이제 부터는 무엇을 할까" 라고.

그리고 내가 '정부에서 각하께 적절한 일을 머지 않아

찾아 드리겠지요' 라고 대답했더니, 원수는 목청을 높여 말했다. "머지 않아 찾아줄 거라고? 과연 그것은 좋은 일이구만. 그러나 여보게, 나는 곧 81세가 된다네. 직업을 가지려면 지금 시작해야 해!"

사람은 누구나 이렇게 하지 않으면 안 된다. '늙는다는 것은 이제는 이미 늦었음을 말한다. 승부는 끝나고 말았다. 무대는 완전히 다음 세대로 옮겨갔다는 마음을 가지는 것이다.

노화에 동반되는 가장 나쁜 것은 육체가 쇠약해진다는 것보다 정신적으로 무관심해지는 일이다' 라고 앞에서 말했지만 그렇게 무관심해지는 자신과 투쟁할 수도 있고 또 투쟁해야만 하는 것이다.

삶의 목적을 가지고 사는 사람은 늙어빠지거나 하지 않는다. 파란만장한 인생이라든가, 커다란 감동이라든가, 투쟁·학문·연구라든가 하는 것은 피로와 소모의 근원이라고 생각하게 마련이지만 사실은 그 반대인 것이다.

클래망소나, 글래스톤은 다같이 80세를 넘어서 일국의 수상이 되었으나 놀랄 만큼 원기 왕성했다. 늙어빠진다는 것은 매우 좋지 못한 습관이다. 바쁜 사람은 그런 습관을 가질 여가가 없다.

그러면 바쁜 나날을 계속하는 사람이 되기 위해서는 어떻게 해야 할까? 사업 쪽에서 노인이라는 존재를 피하지는 않을까?

더군다나 노인을 우두머리에 앉힌다는 것이, 과연 국가나 기업체에 이익이 될 수 있을까?

대답은 이러하다. 대부분의 경우, 사람을 지휘하는 능력은 젊은이보다 노인이 우수하다. 로마를 구원했던 것은 늙은 파비우스였다.

또 1914년의 대전을 보면 양쪽 모두 노지휘관이 제1선에서 활약하고 있었던 것이다.

'아가멤논은 10명의 아이아스보다도 10명의 네스토르를 동료로 가지고 싶어했다. 만일 그것이 허용되었다면 당장에 트로이를 정복할 수 있음을 확신했다.'

나이가 많은 외교관이나 의사는 경험과 분별 능력이 풍부하다. 더욱이 젊은이 특유의 정념에서 해방되어 있기 때문에, 사건이나 주의 주장을 보다 정확하고, 냉정하게 판단할 수가 있다.

키케로는 말하고 있다. "위대한 사업이 성취되는 것은 힘이나 민첩한 육체에 의해서가 아닌, 조언이나 권위, 그리고 성숙한 지혜 덕분이다. 노인은 그러한 것을 상실하지 않고 보다 풍부하게 지니고 있는 것이다."

죽음에 대하여

죽음이 선(善)인지는 모른다. 그러나 삶은 선(善)이 아
니라는 것을 알고 있다.
오는 사람 모두 나와 한가지로 눈물 흘리고,
같은 들, 같은 하늘을 보고 머무르리라.
또 같은 바다를….

— 스윈버언 —

잘 죽는 방법에는 두 가지가 있다.
그 하나는 죽음 따위는 아무것도 아니라고 믿는 에피쿠
로스파적 죽음의 방법이며 또 하나는 죽음이야말로 모든
것이라고 믿는 기독교도의 죽는 방법이다.
에피쿠로스는 말하였다.
"우리에게 죽음이란 아무것도 아니라는 사고 방식을 가
지는 일이 중요하다.
즐거움이나 괴로움과 같은 감정은 우리들이 그렇다고
느껴야 생기는 것이다. 그렇게 본다면 죽음이란 일체의 모
든 감각이 없어진다는 것밖에 되지 않는다.
죽음이 아무것도 아니라는 것을 알게 되면 한정된 인생
에 기쁨의 샘이 솟는다….
인생의 저편에는 아무것도 없다는 것을 정말로 인식한

인간에게는 이미 두려워해야 할 일이 모두 사라지게 된다
….

죽음이란 존재하지 않는다. 왜냐하면, 우리들이 살아있
는 한 죽음은 없고 죽음이 왔을 때는 이미 우리의 삶이
끝나 버린 것이기 때문이다."

한편, 기독교 사상가에게 있어서는 죽음이란 하나의 통
로에 불과하고 거기를 통과하면 사랑하던 사람들과 다시
만날 수 있으며 지상에서의 삶보다 훨씬 아름다운 생을
즐길 수가 있기 때문에 죽음을 두려워할 필요가 하나도
없는 것이다.

성인이나 영웅이 훌륭한 모습으로 죽음을 맞이하는 것
은 거의 당연한 일이다. 그러나 그처럼 숭고한 극치를 예
로 들지 않더라도 우리 주변에서도 얼마든지 그 예를 찾
아볼 수 있다.

성실한 직공인은 최후까지 일을 하면서 고귀하게 죽는
다. 진실로 자기 직무에 목숨을 바치는 것은 위대하다. 발
자크나 프루스트의 임종은 세상이 모두 아는 바다.

스스로 창조한 인물들에 둘러싸여서, 발자크는 의사 비
언션의 이름을 부르면서 죽었고 프루스트는 포르수빌의
이름을 기록하면서 죽어 갔다.

문법가 브울 신부가 발언한 최후의 말은, '나 이제 죽으
려고 하고 있다' 라고 하는 글의 문법을 논한 것이다.

영국의 왕 찰스2세는 왕자답고도 신사답게 죽었다. 그
는 말하기를 "짐은 죽는 데 매우 많은 시간을 소비했다.
모든이들이여, 용서해 주오." 라고 했다.

리셜리외는 재상답게 죽었다. 그는 임종의 자리에서 "너

의 적을 용서하는가?"라고 사제가 묻자, "국가의 적 말고 나의 적은 없다."라고 대답했던 것이다.

코로는 역시 화가였다. "천국에서도 그림을 그릴 수 있도록 진심으로 원합니다."

쇼팽은 음악가다. "나에게 추억이 될 수 있도록 모차르트를 들려 주시오."

나폴레옹은 지휘관이었다. 그는 죽기 직전에 다음과 같은 말을 했다. "프랑스…. 육군…. 군대의 선두…."

퀴비에는 해부학자였다. "두부(頭部)를 연결했다."

라세페에드는 박물학자였다. "뷔퐁 곁으로 가리라."라고 그는 말했다.

루이즈 부인은 왕의 딸답게 죽었다. "천국으로, 자, 어서 마차를 몰아라."

때로는 직업이 그 사람의 의식 속으로 깊이 파고들어가 있기 때문에 사람이 죽은 뒤에도 직업은 남는다는 말이 있다.

철학자 알랭은 의사이기도 했는데, 자기 스스로 최후의 맥을 짚으면서 동료에게 말했다. "여보게, 내 맥박이 멈추었네."

수학자 라니는 18세기 초기에, 평방근과 입방근을 내기 위한 극히 참신하고 간략한 방법을 세상에 발표한 사람이다.

그 수학자가 친구의 얼굴도 알아보지 못하고 의식까지 잃으려 하자 머리맡에 있던 한 사람이 그의 위로 몸을 구부리고 "라니, 12의 평방수는?"하고 물으니까 "144"라고 대답하는 것이었다. 그리고 그는 죽었다.

몽테뉴는 "만일에 내가 책을 쓰는 일을 직업으로 하고 있는 인간이었다면 인간이 죽어 가는 여러 가지 형태의 모습들을 모아서 주석을 단 책을 만들겠지!" 라고 말하였다.

이 진기한 책을 다 읽고 나면 우리들은 인간의 용기에 대해서 경의를 느끼게 되는 것이다.

그 책에서 진술되는 이야기에는 비겁하거나 어리석은 행위가 나오지 않는다.

"죽는 일, 잠자는 일. 이제 아무것도 없다…. 그러나 죽음의 수면 속에서 대체 어떤 꿈을 꾸는 것일까?"

햄릿의 이 무서운 질문에는 대답이 나오지 않는다. 그러나 국왕이든 예술가든 가난뱅이든 많은 인간이 이 물음을 내놓고 움츠러드는 일이 없다는 것을 알고 있어도 나쁘지는 않다고 생각한다.

사람이 살아가는
인생의 지혜

2014년   4월 10일 / 1판 1쇄 인쇄
2014년   4월 10일 / 1판 1쇄 발행
2015년 12월 21일 / 재판 발행

글쓴이 | 앙드레 모로아
옮긴이 | 이 목 정
펴낸이 | 김 용 성
펴낸곳 | **지성문화사**
등 록 | 제5-14호(1976.10.21)
주 소 | 서울 동대문구 신설동 117-8 예일빌딩
전 화 | 02)2236-0654 , 2233-5554
팩 스 | 02)2236-0655 , 2236-2953

정가 16,000원